중국과 대만의 한국학 지형도 연구 총서 2

중국과 대만의
한국학 지식 지형도

사회 · 문화 분야
학술 데이터 분석

중국과 대만의 한국학 지형도 연구 총서 2

중국과 대만의
한국학 지식 지형도

사회 · 문화 분야
학술 데이터 분석

김윤태 지음

| 표 차례

제1장

서론

제1절 연구의 필요성 및 연구 목표

1992년 한중수교 이후 지금까지 한중 양국의 정치, 경제, 문화 등 각 방면의 교류는 시간이 흐름에 따라 새로운 단계로 도약하며 눈부신 발전을 거듭해 왔다. 한중수교 이전 냉전 구도 속에서 수십 년간 단절되었던 양국 관계는 시간이 흐를수록 외교관계를 격상시키면서 양적, 질적 발전을 거듭해 왔다. 양국 간 이데올로기 대립과 적대적 관계는 빠르게 청산되었고, 양국 간 관계는 수교 시 '선린우호 관계'에서 '협력동반자 관계(協力同伴者關係)'로,[1] 다시 '전면적 협력동반자 관계'로 협력의 폭과 대상을 넓혔으며, 2008년에는 중국의 대외관계에 있어서 최고 단계라고 할 수 있는 '전략적 협력동반자 관계'로 발전했다.[2] 양국

---

[1] 金正昆, 乔旋, 當代中國外交新理念探析, 《教學與研究》, 2007(3); 김흥규, 중국의 동반자 외교 소고: 개념, 전개 및 함의에 대한 이해, 《한국정치학회보》 제43집 제2호, 2009, 287-305쪽.

[2] 그보다 더욱 격상된 관계는 전통적 우호관계나 혈맹관계를 들 수 있으나, 이러한 관계는 역사적 관계이기 때문에 중국의 대외관계에 있어서 최고의 단계는 전략적 협력동반

관계가 '전면적' 협력관계에서 '전략적' 관계로 격상된 것은 양국 경제 협력의 기반을 군사안보의 협력으로까지 발전시킨 것이고, 더 나아가 지역과 국제문제에 대해서도 전략적 협력을 이루는 외교관계의 틀로 격상했음을 의미한다.[3]

양국 간 관계가 전례 없이 빠른 속도로 발전할 수 있었던 것은 무엇보다도 지리적 근접성과 더불어 오랜 역사를 통해 축적된 문화적 동질성, 그리고 경제구조의 상호 보완성에 근거한다고 할 수 있다. 그러나 그에 못지않게 21세기 동아시아와 한반도 정세에 대해 양국이 공유하고 있는 전략적 공동 인식이 중요한 요인으로 작용했다고도 볼 수 있다. 다시 말해 한국과 중국은 기본적으로 탈냉전 시기 동아시아와 한반도의 안정과 평화, 공동 번영에 대한 공통의 이해관계를 가지고 있기 때문이다.

한중 양국은 당, 정부, 의회 등의 지도급 인사 교류의 확대, 고위 지도자의 상호 방문과 교류, 양국 정상의 상호 국빈 방문 및 국제회의 참석, 국방과 안보에 대한 포괄적 협력 강화 노력 등 다양한 외교적 노력을 지속해 왔다.

외교적 관계 정립 외에도 경제적 협력 역시 빠른 속도로 강화되고 있다. 양국 간 교역 규모와 비중의 증가, 대중국 투자의 증가 등 한중 양국 간 경제교류는 1992년 한중수교 이래 비약적인 발전을 거듭해 왔다.

정치 경제적 교류와 협력의 증대는 필연적으로 사회문화적 교류의 확대를 동반한다. 한중 양국은 학계·문화계·언론계 인사들에 대한 초청사업을 추진하고, 청소년 교류를 강화하며, 양국의 우의 증진 등을

자 관계라고 할 수 있겠다.

3) 이희옥, 중국의 부상과 한중관계의 새로운 위상, ≪한국과 국제정치≫ 제28권 제4호 2012년(겨울) 통권 79호, 2012, 1-28쪽.

위한 노력을 지속해 왔다. 이런 과정에서 중국 내 '한류(韓流)', 한국 내 '한풍(漢風)' 등 쌍방향 문화 교류가 심화되고 있다.

한중 간 문화 교류는 한중 양국의 수교 직후 양국 정부 간 협정에 따라 적극적으로 추진되기 시작했다. 1994년 3월 한국 대통령의 중국 방문 시기 양국 정부가 체결한 <대한민국 정부와 중화인민공화국 정부 간 문화협력에 관한 협정>을 기점으로 교육, 과학, 문화, 예술, 신문, 방송, 영화, 체육 각 분야의 교류가 활발하게 진행되어 왔다. 1994년 중국 총리의 한국 방문으로 항공협정이 체결되어 직항로가 개설되면서 문화 교류를 위한 발판도 함께 마련되었다.

정부의 문화 교류 추진은 조속한 시일 내에 두 나라 간의 신뢰를 회복하는 것에 목적이 있었다고 할 수 있다. 한중 양국은 문화협정에 근거해 한중 문화위원회 회의를 개최하고 정기적인 일정을 정해 문화 교류 계획을 세워 실행해 나갔다. 한중 문화 교류가 그간 지속해서 활발하게 이루어진 데에는 경제적 교류나 정부의 역할도 중요했지만 두 나라가 인접해 있어 인적 왕래가 용이했고 한중 양국 간에는 오랜 기간을 거쳐 형성된 역사적, 문화적 친근함이 있었기 때문일 것이다. 한중 문화 교류는 한중 관계를 결정짓는 시금석 역할을 하는 셈이다.

2008년부터 5년간 방한 중국인은 연평균 20% 이상 꾸준히 증가했으며, 2013년 방한 중국인은 433만 명으로 전년 대비 52.5% 급증했다. 또한 2016년에는 약 800만 명의 중국인이 방한했다. 한국관광공사의 통계에 의하면, 2016년 전체 방한 외국인 중 중국인이 46.8%를 차지했다. 이로써 중국이 이미 방한 인바운드 성장을 실질적으로 견인한 주요 국가임을 확인할 수 있다. 물론 2016년 7월 사드(THAAD, 고고도 미사일방어체계) 배치 발표와 2017년 3월 중국의 사드 보복 조치로 단체관광객의 한국 방문을 제한하는 방한 금지령 이후 급격히 감소하기도 했지만, 양국 간 인적 교류는 1992년 13만 명에서 2016년 1,283만 명으로 약 99배 증가했다.

국토교통부 항공통계에 따르면, 중국노선은 1998년 12개 노선에서 2017년 41개 노선으로 매년 꾸준히 증가하였다. 전체 국제노선 중 중국노선의 비중이 빠르게 증가했음을 확인할 수 있다. 이에 따른 한국인의 중국 방문도 급속도로 증가하는 추세이다. 1992년 수교 당시 4만 3천 명에 불과했던 한국인의 중국 방문이 2016년 477만 5천 명으로 증가했다. 다른 국가와는 비교할 수 없을 정도로 빠르게 증가한 셈이다.

상기한 바와 같이, 한중 양국의 정치적, 경제적, 사회문화적 교류와 협력은 이제 거스를 수 없는 추세가 되었다. 이러한 거시적 변화 속에서 한중 간 지식세계의 상호 이해 또한 필수적 요건이 되어 가고 있다. 서로에 대한 관심과 이해의 필요성 속에서 학술 교류의 차원도 비약적인 성장을 경험하고 있다.

상호 학술적 관심과 이해가 갈수록 필요해지고 있는 상황에서 한국에서의 중국 연구는 분명 비약적으로 발전했고, 한중 상호 이해와 협력에 큰 역할을 해왔다. 대학에서는 기존 중어중문학과의 어문학과 성격을 벗어나, 중국학과, 중국통상학과, 중국문화학과 등 현대 중국 사정을 이해하고자 하는 중국 관련 지역학과의 개설이 증가했으며, 상호 이해를 위한 학습의 중요한 기초자료를 제공하는 연구가 비약적으로 생산되고 있다.

그러나 상대적으로 중국의 한국에 관한 관심과 이해 정도에 대한 관찰은 비교적 미흡한 편이다. 즉 중국 내 나아가서는 중화권에서의 한국학 연구 현황과 연구 성과를 총체적으로 관찰하고 분석한 연구는 상대적으로 많지 않은 현실이다. 따라서 중국의 지식계에서 한국에 대해 어떠한 주제에, 어떠한 학자와 기관이, 또한 어떠한 방법으로 접근하고 있는지를 고찰하는 작업이 시급히 필요한 상황이다. 한국학의 세계화, 중국에서의 한국학 확산에 매우 중요한 근거를 제시할 수 있기 때문이다.

한중 양국의 학술 교류가 활발하게 이루어지는 배경에는 무엇보다 중국이 새로운 기회를 가져다줄 것이라는 장밋빛 희망이 차지하고 있음을 부인하기 어렵다. 그러나 이러한 허상과는 달리 최근 중국은 신패권주의 태도를 여러 방면에서 여과 없이 보여주고 있는 것 또한 사실이다. 고구려사와 발해사 등 역사에 대한 왜곡 역시 이와 같은 맥락에서 출발되었다. 이렇게 민감하고도 중요한 시기에 과거 중국이 한국에 대해 어느 정도의 연구를 진행했었고, 또한 어떤 영역에 어떤 관심을 갖고 있는가를 파악하는 작업은 더할 수 없이 중요하고도 꼭 필요한 연구임이 분명하다.

최근 한국학 중앙연구원의 한국학 진흥사업단을 필두로 한국학의 세계화를 위한 노력이 강화되고 있다. 이러한 노력은 세계에 한국의 위상을 정립하는 데 그 목적을 두고 있다. 한국학의 세계화란 한국 관련 지식체계를 전 세계 각 지역으로 확산하는 것이라 할 수 있다. 따라서 지금까지 중화권 지역에서 한국학 지식이 누구를 통해 어떻게 전파되고 어떠한 영역을 중심으로 진행되고 있으며, 그 주요 관점이 어떻게 형성되었는지를 파악하는 연구는 향후 한국학의 세계화 전략을 구상하는 데 매우 중요한 근거를 제공할 수 있다.

본 연구는 한국학 '지식체계'가 중화권 지역(중국과 대만 지역으로 한정)에서 시기별로 어떠한 연구자와 어떠한 연구기관들을 통해 생성, 전파, 공유되었는지에 대한 '지식의 확산 과정'과 이 과정에서 형성되는 '지식 확산 구조'를 파악하는 데 그 목적을 두었다. 특히 사회문화 영역으로 한정하여 분석을 진행하였다.[4]

본 연구는 또한 한국학 지식 확산의 '오피니언 리더'와 '보이지 않는 집단'을 파악하는 데 또 하나의 목적을 두었다. 한국학 지식 확산의 실체를 파악하기 위해서는, 지식 확산 초기에 매우 중요한 역할을 하는 '오피니언 리더'를 파악하는 것이 무엇보다 중요하다. 또한 '오피니언 리더'가 주위의 아는 동료들과 관련 정보를 교환하는 과정에서 자연스럽게 형성된 비공식적 연결망, 즉 '보이지 않는 집단'을 파악하는 작업 역시 매우 중요하다. 경우에 따라서는 이렇게 발견된 '오피니언 리더'와 '보이지 않는 집단'은 기존의 공식적으로 드러난 핵심 연구자 혹은 거점 연구기관과는 다르게 나타날 수도 있다. 본 연구가 갖는 의미가 바로 이러한 기존의 한계를 수정, 보완하는 데 있다. 진정한 의미의 한국학의 세계화는 바로 이러한 '오피니언 리더'와 '보이지 않는 집단'이 수행하고 있기 때문이다.

중화권 내 한국학 지식체계의 확산 과정과 그 확산 구조는 현재까지 시도되지 않은 연구 내용이다. 본 연구가 한국학 확산의 미시·거시적 지형도를 완성하면 향후 한국학의 세계화와 효율적인 관리에 매우 중요한 기초자료를 제공해 줄 것이다.

---

4) 본 연구는 네 권으로 구성된 [중국과 대만의 한국학 지형도 연구 총서] 중 사회문화 영역의 연구이다.

제2절 선행연구의 검토

본 연구가 연구 대상으로 삼고 있는 중국 CNKI(China National Knowledge Infrastructure, 中國知網)의 학술논문 데이터베이스에 수록된 연구 성과를 살펴보면, 중국 학계의 한국학 관련 연구는 어문학 분야, 경제경영, 정치외교, 법률행정, 역사철학, 사회문화교육 등 각 분야에 고르게 분포 진행되고 있으며, 그중에서도 경제경영 관련 분야의 연구와 관심이 가장 크게 나타나고, 나머지 분야에서도 그 관심과 연구 성과가 지속적으로 생산되고 확대 증가되고 있는 추세를 파악할 수 있다(<그림 1> 참조).

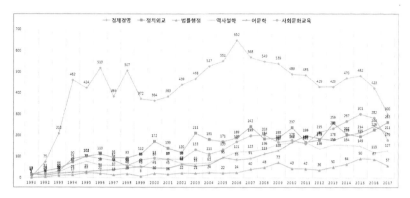

<그림 1> 중국의 한국학 지식지형도 분야별, 연도별 논문 분포도

    중국에서의 한국학이 해가 갈수록 증가하고 있는 추세와 더불어 대만에서도 한국학이 날로 성장하고 있다. 대만에서도 중화권 한국학의 특징, 추세 및 전망을 분석한 연구들이 학계의 지대한 관심을 받으며 확산되고 있다. 우선, 중화권의 한국학 연구를 비교적 체계적으로 정리한 대만 출판 논문으로는 黃寬重, 張斐怡(2000)의 연구를 들 수 있다.[5][6] 그러나 이 연구는 역사학의 시각에서 한중관계사 연구의 변화를 추적 정리하고 미래의 연구 방향을 설정하는 데 그 주요 목적을 두고 있어, 전체 한국학 연구의 추세를 파악하는 데는 큰 도움을 주지 못하고 있다. 김윤태(2006)는 2000년 대만에서 출판된 <중한관계논저목록(中韓關係論著目錄)>[7] 중 출판지가 중국인 논문(1,991건)과 저서

5) 黃寬重, 張斐怡, 海峽兩岸中韓關係史硏究的回顧與展望, ≪韓國學報≫, 第16期(臺北, 2000), 1-24쪽.

6) 본서에서는 중국학자의 성명, 중국의 지명 등 한자를 표기할 때, 한자 그대로 표기하거나 필요에 따라 한글 독음(한자)의 형식으로 통일해 표기했음을 밝혀둔다. 예) 이재방(李在方), 북경(北京), 당대한국(當代韓國) 등.

7) 黃寬重, ≪中韓關係論著目錄增訂本≫(臺北: 中央硏究院東北亞區域硏究, 2000). 이 목록은 청말에서 1998년까지의 중국어로 출판된 한국 관련 논문 및 저서를 총 집대성한

(3,114건)를 분석 대상으로 삼아, 중국에서의 한국학 연구 성과의 양적 변화 및 주요 연구 영역을 파악하는 한편, 세 시기로 구분하여 각 시기별 주요 연구 영역과 변화 추세를 분석하였다.[8] 이 연구는 중국에서의 한국학 연구 경향을 전체적으로 조망하는 데 상당 부분 기여한 것으로 판단된다. 그러나 보다 구체적이고 질적인 분석이 미흡하여 북한학(소위 조선학)인지 한국학인지 분명하게 구별하여 분석하지 못한 한계, 또한 대만이나 홍콩 등 중화권에서 이루어진 한국학을 다루지 않아 보다 많은 의미를 찾아낼 수 없었다는 한계, 그리고 2000년대 중국의 한국학 연구 동향을 파악할 수 없다는 한계 등이 지적될 수 있다.

그 후 김일권(2008)[9]의 <중국의 한국학 현황과 개선방안에 관한 연구: 한국어 및 한국학 교육연구 현황을 중심으로>, 송현호(2013)[10]의 <중앙민족대학의 한국학 현황과 과제>, <연변대학의 한국학 현황과 과제> 등 다수의 한국학 동향 관련 연구, 서영영(2015)[11]의 <중국의 한국학과의 현황과 과제>, 양동훈(2018)의 <한국어학과 졸업논문 주제로 살펴본 한국학 관심 동향-길림대학교 주해캠퍼스를 중심으로> 등의 동향 연구가 이어져 여러 가지 한국학 연구 및 교육의 한계가 지적되고 바람직한 연구 방향의 설정을 장려하고 있으나, 주로 어문학과 한국어

방대한 규모의 자료집이다. 중국, 홍콩 및 대만에서 출판된 학술지 및 논문집에 수록된 논문 7,409편과 저서 1,391권을 포함한 총 8,800건의 연구 성과가 수록되어 있다.

8) 김윤태, 중국의 한국학 연구 동향, ≪중국연구≫ 38집, 2006, 77-91쪽.

9) 김일권, 중국의 한국학 현황과 개선방안에 관한 연구: 한국어 및 한국학 교육연구 현황을 중심으로, 한국 외국어대학교 석사논문, 2008.

10) 송현호, 중앙민족대학의 한국학 현황과 과제, ≪한중 인문학 연구≫ 40, 2013, 329-354쪽; 연변대학의 한국학 현황과 과제, ≪한중 인문학 연구≫ 41, 2013, 427-449쪽.

11) 서영영, 중국의 한국학과의 현황과 과제, ≪제96차 중국학연구회 국제학술대회 자료집≫, 2013, 209-233쪽.

교육과 관련된 논의에 집중한 점, 어느 특정 대학의 한국학에 국한된 점 등의 한계가 있다.

물론 사회과학 분야의 관심도 적지 않았다. 박동훈(2013)[12]의 <중국에서의 한국정치 연구 동향과 과제: ≪한국연구논총(韓國研究論叢)≫과 ≪당대한국(當代韓國)≫을 중심으로>는 한중수교 이후 약 20년간 중국 학계의 한국학 연구, 그중에서도 정치학 분야의 연구가 어떠한 양적, 질적 변화를 가져왔는지 검토하고 향후 과제를 제안했다. 중국 내한국 연구가 양산되고 있는 상황에서, 중국사회과학원의 ≪당대한국≫과 상해 푸단대학 한국연구센터가 발간하는 ≪한국연구논총≫의 두 학술지에 1996부터 2010년까지 15년간 게재된 중국학자들의 한국 정치관련 논문을 분석 대상으로 삼았다. 여기에서 이 연구는 학자 층이 두껍지 못하고, 학술지가 지역편향성을 띠고 있다는 한계, 연구 영역별 비중의 불균등 문제, 연구규범성의 문제, 연구 인력의 전문화, 연구주제의 다양화, 학술대회의 활성화 문제 등을 지적하며 이의 대안 강구 필요성을 강조했다. 채미화(2007)[13]의 <동아시아 한국학 방법의 모색>은 시각의 객관화를 추구하는 의미에서 비교적 신선한 접근으로 읽힌다. 중국의 한국학 학자들은 중국의 시각에 입각하여 중국인의 미학관념과 가치관으로 한국의 인문과학을 연구하고자 하는 한계가 있다는 지적과 함께, 동아시아의 맥락 속에 한국학을 환원시키고 동아시아 시각으로 한국학을 재구축하는 시각의 재정립이 필요하다고 역설한다.

상기의 연구들은 비록 중국의 한국학 연구 동향을 살펴보고 한계를

---

12) 박동훈, 중국에서의 한국정치 연구 동향과 과제: ≪韓國研究論叢≫과 ≪當代韓國≫을 중심으로, ≪한국과 국제정치≫ 29(2), 2013, 169-202쪽.

13) 채미화, 동아시아 한국학 방법의 모색, ≪한국학연구≫ 17, 2007, 7-22쪽.

벗어나기 위한 학술적 노력에 충분한 기여를 해왔지만 여전히 일부 학문 분야, 혹은 특정 지역과 학술단체, 특정 시기에 국한한 한계가 있어 왔다. 이러한 부분적 한계를 극복하고 중국의 한국학 연구 동향을 전체적으로 잘 조망할 수 있는 최근의 저작으로는 송현호(2018)[14]의 ≪한중 인문교류와 한국학 연구동향≫을 들 수 있다. 이 저작은 송현호 교수가 다년간 진행한 한국학 관련 연구들을 총 집성한 저작으로 판단된다. 이 연구에서는 한중 인문 교류의 현황과 전망을 비롯하여, 中國 華南地域 韓國學의 現況과 展望, 한중간 학술 교류의 변천과 전망, 中華民國韓國學의 現在와 未來, 한중 인문 교류의 현황과 과제, 延邊大學의 한국학 현황과 과제, 中央民族大學의 한국학 현황과 과제, 중국 대학의 한국학 연구 현황과 과제 등의 내용을 구성해 중국의 한국학 전체 동향을 심도 있게 소개 분석했다.

중국학자인 張國强, 鄭傑(2014)[15]의 <중국에서의 한국학 연구현황과 전망> 역시 중국의 한국학 연구 동향을 시기별로 잘 정리 분석했다. 이 연구는 한중수교 이전과 이후의 각 시기별 중국 내 한국학 연구의 동향을 분석하고, 아울러 경제, 정치, 역사 및 한국 문화에 대한 연구 동향을 분석하면서 향후 시사점을 도출했다. 특히 이 연구는 동북아시아 지역협력 연구로의 확대를 강조하기도 했다.

한편 기존의 내용분석 위주의 연구 방법을 보완하여 문헌계량학 데이터를 활용한 양적 연구도 진행되었다. 이 분야 최초의 양적 연구로는 앞에서도 소개한 김윤태(2006)의 연구다. 이 연구는 청나라 말기에서 1998년까지의 중국어로 출판된 한국 관련 논문 및 저서를 집대성한 자

---

14) 송현호, ≪한중 인문교류와 한국학 연구동향≫(서울: 태학사, 2018).
15) 張國强, 鄭傑, 중국에서의 한국학 연구현황과 전망, ≪동아문화≫ 52, 2014, 65-83쪽.

료집 <중한관계논저목록(中韓關係中文論著目錄)>을 연구 대상으로 시기별 주요 연구 영역과 추세를 양적으로 분석하고 그 의미와 경향을 도출하였다. 이 밖에 肖霞, 李忠輝(2012)의 <중국 한국학 연구연상, 문제 및 건의: 1998-2010년 CSSCI자료를 기반으로(中國韓國學研究現狀, 問題及建議: 基于1998年-2010年CSSCI資料)>,[16) 石源華(2012)의 <중한 수교 20년 중국의 한국학 현황과 전망(中韓建交二十年來中國韓國學現狀及發展)>,[17) 具洸范(2013)의 <중국의 한국학연구의 동향분석(中國研究韓國學的動向分析(以1990-2009年爲例))>,[18) 鄭永順(2015)의 <21세기 글로벌시대 한국학 방향(21世紀全球化時代韓國學方向)>,[19) 王建宏(2017)의 <한국학 연구기관 및 인터넷자원 개황(韓國學研究机構与网絡資源槪述)>[20) 등 역시 참고할 만한 가치가 충분한 연구 성과이다.

이상의 선행연구를 통해, 기존의 한국학 및 어학 교육 현황, 한국학 전반의 발전 추세 및 발전 방향, 각 분야의 한계 등을 파악할 수 있었다. 하지만 한국학이 어떻게 생산되고 확산되고 있는지에 대한 논의는 발견할 수 없었다. 또한 양적 분석 방법 역시 분과학문별 내용분류, 논문 편수 등 빈도분석 위주로 진행되어, 실제 연구 동향에 지대한 영향을 끼치고 있으나 드러나지 않는 집단의 발굴 및 파악에는 분명한 한계가 있었다.

---

16) 肖霞, 李忠輝, 中國韓國學研究現狀, 問題及建議: 基于1998年-2010年CSSCI資料, 《인문학연구》 13(1), 2012, 143-162쪽.
17) 石源华, 中韩建交二十年来中国韩国学现状及发展, 《当代韩国》, 2012年03期, 12-16쪽.
18) 具洸范, 中国研究韩国学的动向分析(以1990-2009年为例), 《韩国学论文集》, 2012年(연간), 125-133쪽.
19) 郑永顺, 21世纪全球化时代韩国学方向, 《东北亚研究论丛》, 2015年01期, 249-256쪽.
20) 王建宏, 韩国学研究机构与网络资源概述, 《当代韩国》, 2017年04期, 108-116쪽.

본 연구는 이러한 한계를 극복하기 위해, 특히 사회문화 분야의 중국 내 한국학 지식의 생산 및 확산 구조를 분석하기 위해, 사회문화 분야의 한국학 관련 모든 논문 데이터에 대한 전수조사를 진행했고, 그를 바탕으로 키워드 추출, 키워드 간 관계적 속성 데이터 추출을 통해 그 지식 지형도를 분석하고자 했다. 즉 한국이 어떤 키워드로 개념화되었고, 이런 키워드들이 어떻게 연결되어 그 구조가 형성되어 있는지 키워드 연결망 분석을 진행했다.

제3절 연구 방법

1. 연구 대상의 선정

본 연구는 사회문화 분야에서 중화권(중국과 대만) 지식인이 한국을 어떻게 개념화해서 관련 지식을 생산, 확산시켰는지를 실증 분석하고자 했다. 즉, 한 키워드가 다른 키워드와 어떻게 연결되는지, 그 연결의 정도를 파악하고 그를 통해 전체 연결망의 구조를 파악했다. 또한 시간의 흐름에 따라 그것이 어떠한 과정을 거쳐 지식 구조를 어떻게 형성하게 되는지 실증적으로 파악하고자 했다.

논문데이터 검색을 통한 연구 대상의 선정은 중국의 경우와 대만의 경우를 나누어 진행하였다. 중국의 경우에는 중국 CNKI(China National Knowledge Infrastructure, 中國知網)의 학술논문 데이터베이스 CAJD(China Academic Journal Network Publishing Database)를 이용했다.[21]

<그림 2> 중국 CNKI 검색화면과 검색조건

검색창 검색조건의 문헌 제목란에 중국어 간체자 '한국(韓國)', '남한 (南韓)', '대한민국(大韓民國)'이라는 키워드를 입력해서 관련 문헌을 검색했다. 문헌자료에는 저자, 소속기관, 논문제목, 학술지명, 발표연 도, 키워드, 초록 등의 내용이 포함되어 있으며, 내용분석이 필요한 경 우 논문 전체를 다운로드해서 분석했다. 문헌 검색기간은 관련 문헌의 최초 생성 시기를 파악하기 위해 별도의 제한을 두지 않았고 2017년 발표 문헌까지만 분석 대상에 포함했다.22)

데이터베이스의 문헌 분류는 10가지 대분류로 나누어져 있는데, 본 연구는 사회문화 분야에 집중하기 위해 그중 [사회], [문화] 및 [교육] 분야를 선택해서 검색했다. 우선 [사회] 분야에서는 분석 대상 데이터 베이스(CNKI)의 중분류 중 [사회과학 이론과 방법(社會科學理論与方

---

21) 이는 중국 내 또 다른 대표적 데이터베이스 완팡데이터(WANFANG DATA)의 학술 논문 데이터베이스 CSPD(China Science Periodical Database)보다 더욱더 많은 데이터 를 검색할 수 있었기 때문이다. CNKI 홈페이지 소개에 따르면, CAJD는 현재 중국 내 8,000여 종 학술지 5,500만 편의 논문 데이터를 제공하고 있다.

22) 데이터베이스 검색은 2018년 12월에 진행했다. 당시 2018년 논문 데이터가 완전히 업로드되지 않았기 때문에 본 연구분석에서 제외했다.

法)], [사회학 및 통계학(社會學及統計學)], [민족학(民族學)], [인구학 및 계획생육(人口學与計划生育)],23) [인재학 및 노동과학(人才學与勞動科學)]의 자료를 포함하였다. [문화] 분야에서는 데이터베이스(CNKI)의 중분류 중 [문화(文化)], [신문 및 방송매체(新聞与傳媒)]를 포함하였다. 그리고 [교육] 분야에서는 데이터베이스(CNKI)의 중분류에서 [교육이론 및 교육관리(敎育理論与敎育管理)], [학령전교육(學前敎育)], [초등교육(初等敎育)], [중등교육(中等敎育)], [고등교육(高等敎育)], [직업교육(職業敎育)], [성인교육 및 특수교육(成人敎育与特殊敎育)]을 포함하였다.

한편, 대만 지역의 논문 데이터 검색은 대만국가도서관의 대만저널(정기간행물) 논문색인시스템(台湾期刊論文索引系統, PerioPath Index to Taiwan Periodical Literature System)을 활용했다.

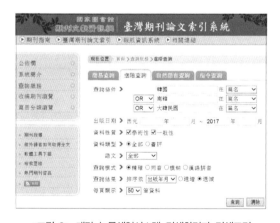

<그림 3> 대만 논문색인시스템 검색화면과 검색조건

---

23) 일반적으로 계획생육은 학문 분야로 분류되지는 않는다. 그러나 중국의 경우 자녀 수 통제를 통한 인구정책을 전반적으로 시행했기 때문에 학문 분야로 분류되었다고 판단된다.

검색창 검색조건의 문헌 제목란에 중국어 번체자 '한국(韓國)', '남한 (南韓)', '대한민국(大韓民國)'이라는 키워드를 입력해서 관련 문헌을 검색했다. 문헌 검색기간은 중국 데이터베이스 검색조건과 마찬가지로, 관련 문헌의 최초 생성 시기를 파악하기 위해 별도의 제한을 두지 않 았고 최근 2017년 발표 문헌까지만 분석 대상에 포함했다.

대만 지역의 데이터베이스의 경우, 가장 많은 데이터를 검색할 수 있는 대만국가도서관의 대만저널(정기간행물) 논문색인시스템을 주로 활용했다. 하지만 DB의 분야별 분류도 중국과는 다른 분류 방법을 사 용하고 있고, 피인용 횟수 관련 정보도 제공하지 않았기 때문[24]에 분 야별 분석이 아닌 전체 지식지형도 분석만을 진행할 수밖에 없었다. 따 라서 본 연구는 중국대륙과 대만 지역의 각 분야별 비교분석이 아닌 전체 지식지형도 차원에서의 비교분석만을 진행했음을 미리 밝혀둔다. 피인용 횟수를 통한 오피니언 리더 분석은 대만국가도서관의 또 다른 데이터베이스인 PIC(Periodical Information Center, 期刊論文索引系統) 를 활용해 진행했다.

2. 키워드 네트워크 분석

본 연구는 지식지형도 파악을 위해, 동시 출현 키워드 네트워크를 분석했다. 이 분석 방법은 동일 논문에서 얼마나 함께 출현했는지를 측 정해, 이를 동시 출현 횟수, 즉 키워드 간 관계속성 데이터(링크 값)를 파악하여 분석하는 방법이다. 이를 도식화하면 아래 <그림 4>와 같다.

---

24) 이는 본 연구진이 대만국가도서관 DB 담당자와 수차례 이메일 연락을 통해 확인한 사실이다.

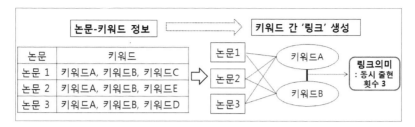

<그림 4> 논문의 키워드 연결망 분석 작업 도식도

어떤 키워드가 동시 출현을 가장 많이 했고, 그러한 키워드 간에 형성한 의미 구조는 무엇인지를 파악하고, 키워드 간 연결 정도의 중심성(Degree Centrality)[25] 파악, 키워드 간 상호 링크 수가 많은 키워드 그룹(군집) 파악을 통해 그 의미 구조를 파악하고자 노력했다.[26]

3. 질적 내용분석

상기한 키워드 네트워크 분석을 통해 지식 확산의 의미 구조를 파악하는 작업은 기존의 연구 방법에서는 포괄하지 못하는 지형도를 그려낼 수 있는 장점이 있다. 하지만 때로는 그 지형도가 갖는 의미를 충분히 발현시킬 수 없는 한계도 분명 가지고 있다. 본 연구는 이러한 한계를 극복하고 보완하기 위해 질적 내용분석을 동시에 진행했다.

---

25) 중심성은 말 그대로 전체 연결망에서 중앙에 위치한 정도를 말하는 것으로, 한 노드에서 다른 노드와 얼마나 많이 연결되었는지 '연결 수'를 측정하는 연결 정도 중심성, 다른 노드와의 '인접성'을 측정하는 인접 중심성, 한 노드가 다른 노드들 '사이에' 위치하는 정도를 측정하는 사이 중심성, 연결된 노드의 중요성에 가중치를 두는 위세 중심성 등이 있다(김용학 외, 2016).

26) 본 연구는 이러한 사회연결망분석 프로그램으로 넷마이너를 사용했다. 넷마이너는 사이람(주)에서 개발한 사회연결망분석 소프트웨어로 2001년 정식으로 발표되었고, UCINET과 KrackPlot의 장점을 통합시킨 프로그램으로 한글 처리가 완벽하게 된다는 점에서 국내 사용자들에게 적합한 프로그램이라 할 수 있다(김용학, 2007: 140).

키워드 네트워크 분석을 통해 추출된 키워드 군집의 의미를 보다 구체적으로 파악하기 위해 해당 키워드들이 포함된 논문의 핵심 내용을 추출해 내용분석을 진행했다. 또한 피인용 횟수를 통해 추출된 오피니언 리더 그룹, 주요 학술기관, 주요 학술지에 대한 내용분석을 통해 해당 리더 그룹의 지식 확산 영향력을 분석하고자 했다.

그뿐만 아니라, 중국과 대만에서의 한국학을 비교 분석함으로써 양지역 간 연구관점의 차이를 해석하고자 노력했다. 동일한 중국어를 사용하는 중화권 국가지만 국제정치적 환경 변화의 영향으로 중국과 대만의 한국학 연구 성과는 확연히 다른 면모를 갖게 되었다. 주지하듯이 1949년 중국의 내전이 종식되고 국민당 정권이 대만으로 철수함으로써 중국은 두 개의 정권으로 분열되었다. 한반도 역시 남한과 북한으로 분단되었고, 이후 중화인민공화국(중국)은 북한과, 대만으로 철수한 중화민국(대만)은 남한과 각각 외교관계를 수립 유지하며, 이데올로기를 기초로 돈독한 협력관계를 쌓아갔다. 우리의 입장에서 본다면, 대만과는 지속적으로 학술 교류를 진행했지만, 적대관계에 놓인 중국 공산정권과는 학술 교류가 전무한 상태가 되었다. 물론 1992년 한중수교를 계기로 이러한 구도는 상당한 정도 다른 모습을 보여주고 있다. 본 연구에서는 국제정치적 환경의 변화가 중국과 대만의 한국학 연구 성과에 어떻게 반영되었는지 질적 내용분석을 동시에 진행하여 사회연결망 분석의 한계를 보완하려 노력했다.

제2장

중국의 한국학
거시 지형도

제1절 중국 내 한국(조선) 관련 학과 및 연구소 지형도

중국 대학에서의 한국학 연구는 1946년 중화민국 수도 남경에 소재한 국립동방어문전문대학에 설치된 한국어과에서 시작되었다. 1949년 본 학과가 북경대에 병합되고 조선어과로 개명되었으며, 어학 중심의 교육 틀을 유지하고 있었다. 이후 1949년에는 중화인민공화국 정부의 소수민족 자치제도의 일환으로 연변조선족자치주에 연변대학교가 설립되었다.[27] 연변대학교는 조선족을 주로 대상으로 하는 각 분야의 고급 전문 인재 양성을 목표로 한 종합대학이다. 그 후 낙양외국어대학교(1953)와 대외경제무역대학(1954), 북경 제2외국어대학교(1972)에서 조선어 혹은 조선어문학과를 설립하였고 1980년대 말까지 이러한 상태가 지속되었다. 초창기 중국에서의 한국학 출발은 조선어와 문학 중심을 벗어나지 못했다.

---

27) 장국강, 중국 대학에서의 한국어 교육, ≪중국학≫, 2009, P105, P107.

한중수교 이후 중국인의 한국과 한국어에 대한 관심이 증가하면서 한국어 교육의 필요성이 더욱 증가하자, 중국 대학에서는 한국 관련 인재 양성을 위해 한국어 관련 학과를 대규모로 개설하였다. 그리고 모집된 학생들을 교육할 교수로 한국어와 한국문학을 가르칠 수 있는 연구자를 대규모로 충원하였다. 그 결과 중국에서의 한국학은 언어를 중심으로 문사철(文史哲)을 병행하는 경향을 띠게 되었다. 자국학으로서의 한국학이 아닌 타국학으로서의 한국학(韓國學, Korean Studies)은 해당 국가가 한국과 맺고 있는 관계나 정치 경제적 이해관계 등에 따라 그 목적과 내용이 달리 구성될 수는 있으나, 일반적으로 한국을 탐구의 대상으로 하는 학문으로써, 한국과 관련된 언어, 역사, 문화, 정치, 경제, 사회, 지리, 과학 등 모든 영역을 인식의 대상으로 삼는다. 즉 한국이라는 지역적, 정치적 구분에 기초하고 있으므로 '지역학'의 하나로 분류되며, 한국에 관한 지식 전반을 다루는 종합학문이라는 특성을 지닌다. '타국학으로서의 한국학'을 이렇게 정의한다면, 기존 중국에서의 한국학은 언어와 문사철 영역에 국한되었고, 전반적인 한국학 지식을 생성해 내지 못한 분명한 한계를 지적할 수 있다.

본 연구는 중국 대학(전문대 포함) 내 한국·한국어 혹은 조선·조선어(朝鮮·朝鮮語) 관련 학과와 연구소를 전수조사 했다. 학과는 총 50개, 연구소는 68개로 조사되었다.[28] 이들 기관의 지역별 현황을 살펴보면 아래 표와 같다.

<표 1>의 지역별 분포를 참고하면, 비교적 많은 학과를 개설하고 있

---

28) 본 연구진이 2019년 1월까지 파악한 중국 내 한국(조선) 관련 학과와 연구소는 각각 105개, 94개였지만, 데이터가 불완전한 기관은 본 연구 분석에서 제외하였다. 물론 향후 관련 데이터 보완을 통해 제외된 기관들도 포함해서 관련 분석을 진행할 계획이다.

는 성급 지역은 북경, 천진, 산동성, 강소성, 상해, 길림성, 요녕성이며, 비교적 많은 연구소를 개설하고 있는 성급 지역은 북경, 산동성, 길림성, 요녕성, 상해, 호남성, 절강성이다. 학과 개설과 연구소 개설을 합하여 가장 많은 관련기관을 개설한 지역은 북경(19개), 산동성(17개), 길림성(12개), 요녕성(10개), 상해(9개), 천진(9개)의 순이다. 길림성과 요녕성은 조선족이 많이 분포한 지역이고, 북경을 비롯한 나머지 지역은 한국 기업의 투자 진출이 비교적 많은 지역이다. 이는 실질적으로 한국 관련 인재를 많이 필요로 하는 지역에서 한국 연구가 비교적 활발하다는 점을 말해 준다. 아래 <그림 5>는 지역별 분포를 그림으로 나타낸 것이다.

<표 1> 중국 내 한국(조선) 학과·연구소 지역별 현황

	학과	연구소	합계
강소성	4	2	6
광동성	2	2	4
북경	6	13	19
상해	4	5	9
섬서성	3	4	7
안휘성	1	0	1
천진	6	3	9
절강성	2	5	7
산동성	6	11	17
호남성	3	5	8
호북성	1	1	2
사천성	0	1	1
하남성	1	1	2
하북성	2	0	2
길림성	4	8	12
흑룡강성	1	1	2
요녕성	4	6	10
합계	50	68	118

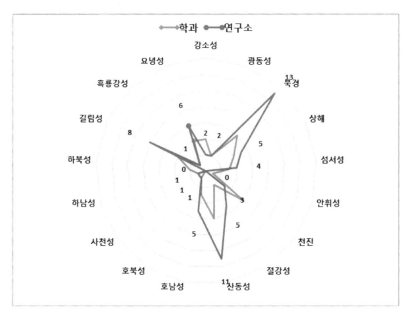

<그림 5> 중국 내 한국(조선) 학과·연구소 지역별 분포도

    <그림 6>은 중국 내 한국(조선) 학과와 연구소의 설립연도 추이도이다. 이들 기관의 설립연도[29]를 비교해 보면, 대부분 1990년대 이후에 활발하게 설립되었다는 것을 확인할 수 있다. 1992년 한중수교가 중국내 한국 관련 학과와 연구소의 설립에 직접적인 영향을 미쳤다고 판단할 수 있을 것이다. 물론 한중수교 이전에 설립된 학과와 연구소도 있으나, 이때의 연구 활동은 주로 북한과의 관계 속에서 설립되었으며, 주로 북한을 연구한 연구소로 이해된다.

---

29) 연구소 중 9개 기관(위해시 문등기사학원 중한문화중심, 산동대학 중일한합작연구중심, 북경외국어대학 한국학연구중심, 대련대학 인문학부역사학원한국학연구원·중조교류중심, 복단대학 중한문화비교연구소, 중국인민대학 한국연구중심, 요녕대학 아세아연구중심, 곡부사범대학 번역학원한국문화연구소, 요녕사회과학원 조선-한국연구중심)의 설립연도를 파악할 수 없어 설립연도 비교분석표에서 제외했다.

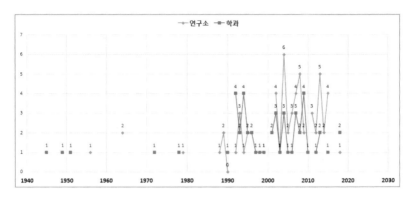

<그림 6> 중국 내 한국(조선) 학과·연구소 설립연도 추이도

　　<표 2>와 <그림 7>은 중국 내 한국 연구소의 지역별 연구 분야 현황
이다. 전체적으로는 정치외교(31), 경제경영(30), 사회문화(34), 어문학
(30), 역사철학(24) 분야가 큰 차이 없이 균형적으로 분포한다. 지역별
큰 구분 없이 다양한 분야의 연구가 진행되고 있다고 해석할 수 있다.
그러나 비교적 특징적인 지역은 북경이다. 북경은 정치외교의 중심 지
역이라는 지역 특성에 걸맞게 정치외교 관련 분야가 가장 활발하게 설
립 운영되고 있다. 길림성과 산동성은 모든 학문 분야가 고르게 분포되
어 있는 동시에 연구소 역시 비교적 많이 분포한다. 길림성은 연변조선
족 자치주가 속해 있는 지역으로 전통적으로 한국(조선) 연구가 많은
지역이고, 산동성은 한국 기업 투자가 가장 활발한 지역으로 한국과의
연계가 가장 필요하고 가장 활발한 지역이기 때문인 것으로 해석된다.
　　연구 분야별로 살펴보면 각 지역의 특징을 더욱더 분명하게 가늠할
수 있다. 정치외교 분야는 북경, 길림성, 산동성, 요녕성에서 비교적 활
발하게 이루어진다. 북경은 상기한 바와 같이 정치외교의 중심이기 때
문일 것이고, 길림성과 요녕성, 산동성은 우리 한국 투자기업이 많이

진출한 지역이기도 하면서 전통적으로 한국과의 관련이 깊은 지역이기 때문인 것으로 해석된다.

경제경영 분야 역시 북경, 요녕성, 산동성, 길림성, 절강성 등에서 비교적 활발하다. 정치외교 분야와 비슷한 이유로 해석되는데, 상해와 천진에 비교적 적은 것은 이해하기 어렵다. 상해와 천진은 대표적인 국제도시로서 그들의 입장에서 한국은 상대적으로 중요하지 않기 때문으로 해석될 수도 있을 것이다.

사회문화 분야의 경우 역사적 연원과 관계가 깊은 것으로 해석된다. 북경, 길림성, 요녕성, 산동성, 절강성 등에서 비교적 활발하다. 특히 산동성은 다른 지역에 비해 사회문화 분야의 연구가 가장 활발한 것으로 나타난다. 역사철학 분야나 어문학 분야 역시 사회문화 분야와 마찬가지의 경향성을 나타내고 있다.

<표 2> 중국 내 한국(조선) 연구소 지역별 연구 분야 현황

지역\분야	정치외교	경제경영	사회문화	어문학	역사철학
북경	9	6	4	3	2
상해	2	1	2	2	2
천진	1	0	0	1	0
흑룡강성	1	1	1	0	0
길림성	5	4	5	2	5
요녕성	4	5	3	2	4
산동성	5	5	7	5	4
섬서성	0	1	1	4	0
사천성	0	1	1	1	0
강소성	1	1	1	2	2
절강성	1	4	4	3	2
하남성	0	0	1	1	1
광동성	1	0	0	0	1
호남성	1	1	3	3	1
호북성	0	0	1	1	0
합계	31	30	34	30	24

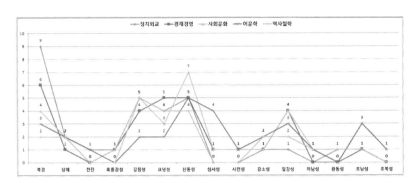

<그림 7> 중국 내 한국(조선) 연구소 지역별 연구 분야 분포도

<표 3> 중국 내 한국(조선) 관련 연구소 설립연도와 명칭

설립연도	연구소명
1956	중국국제문제연구원아태(아세아-태평양)연구소
1964	길림대학동북아연구원 길림성사회과학원조선·한국연구소
1979	연변대학조선-한국연구중심 조선반도연구협동창신중심
1988	길림성동북아연구중심
1989	연태대학외국어학원동아연구소 흑룡강사회과학원동북아연구소
1992	복단대학조선-한국연구중심
1993	북경대학한국학연구중심 요녕대학국제관계학원조선-한국연구중심 절강대학한국학연구소
1994	상해외국어대학조선반도문제연구소중일한합작연구소
1995	북경언어대학한국어연구중심 중국인민대학동아연구중심
1999	천진사회과학원동북아연구소
2002	대련대학중국동북사연구중심 복단대학아세아연구중심 대련민족대학국제언어문화연구중심한국학연구팀 북경대학아세아-태평양연구원
2003	외교학원동아연구중심

2004	절강수인대학동아연구소 산동대학동북아연구중심 산동대학한국학원중한교류중심 남개대학아세아연구중심 동북사범대학동북아연구원조한연구소 북화대학동북아연구중심
2005	청도빈해학원중한통상연구소 서남대학중한교육교류와 연구중심
2006	중국인민대학상학원중한기업경영연구 중산대학한국연구소 천진사범대학외국어학원한국문화중심
2007	북경외국어대학세계아세아연구정보중심 절강월수외국어학원한국문화연구소 양주대학한국언어문화연구중심 중국해양대학한국연구중심
2008	길림대학주해학원한국연구소 청도대학외국어학원중한중심 정주경공업학원외국어학원중한문화연구소 청도빈해학원한국학연구중심 길림성사회과학원조선반도연구기지
2009	화중사범대학한국문화연구소 절강해양대학중국해양문화연구중심
2011	화중과학기술대학외국어학원한국어중심 중국사회과학원아태(아세아/태평양)와전세계전략연구원 위남사범학원외국어학원중한문화교류중심
2012	중국정법대학정치와공공관리학원조선반도연구중심 요녕대학동아연구중심
2013	사천사범대학한국연구중심 남경대학외국어학원한국학연구중심 외교학원중일한합작연구중심 통화사범학원조선반도경제문화연구중심 호남성한국문화연구와교류중심
2014	서북대학중한교육중심 대련외국어대학중일한연구중심
2015	서안외국어대학인문사회과학연구중심 절강월수대학외국어학원동아지연(地緣)관계연구중심 상해사회과학원국제문제연구소조조선반도연구중심 서안번역학원중한문화교류중심
2018	상담대학동아연구중심

<표 3>은 중국 내 한국(조선) 관련 연구소의 설립연도와 명칭을 정리한 표이다. 가장 최초로 설립된 연구소는 <중국 국제문제 연구원 아태(아세아-태평양)연구소>이다. 이 연구소는 1956년에 <국제관계연구소>로 설립되었으며, 1986년에 현재의 명칭으로 개칭되었다. 7개 연구실에 100여 명의 연구원으로 구성되어 있으며, 중국 외교부 직속기관으로 외교자문 및 외국의 국제문제 연구기관과 학술 교류를 진행하는 기능을 갖고 있다. 간행물로는 계간지로서 International Studies를 발간하고 있다.

<중국 국제문제 연구원 아태(아세아-태평양)연구소>를 포함하여 한중수교 이전에 설립된 연구소는 <길림대학 동북아연구원>, <길림성 사회과학원 조선·한국연구소>, <연변대학조선-한국연구중심>, <조선반도 연구협동 창신 중심>, <길림성 동북아 연구중심>, <연태대학 외국어학원 동아연구소>, <흑룡강 사회과학원 동북아연구소>로 대부분 동북3성 특히 길림성 지역에 위치한 연구소이다. 한중수교 이전까지 북한이나 한반도, 나아가 동북아시아에 대한 연구의 중심은 동북3성이었다는 점을 확인할 수 있다.

한중수교를 계기로 연구소의 설립은 매우 활발해졌으며, 지역분포 또한 동북3성을 떠나 전국 각 지역으로 확대되고 있음을 확인할 수 있다. 한국과의 관계 성립이 한국 관련 연구의 범위와 규모를 확대시켰다고 해석할 수 있다. 한중수교 이전에는 총 8개소의 연구소가 설립 운영되고 있었으나, 한중수교가 이루어진 1992년 이후에는 총 52개소의 연구소가 설립 운영되고 있다. 전체 60개소의 연구소 중 87%에 해당하는 연구소가 한중수교 이후에 설립될 정도로 한중수교의 영향이 지대했다는 점을 확인할 수 있다. 지역분포 또한 기존 동북3성 위주였다가

전국 각 지역으로 확대되었음을 확인할 수 있다.

<표 4>는 중국 내 한국(조선) 관련 학과 설립연도와 명칭이다. 이 표를 통해서도 한중수교가 중국의 한국학 연구에 미친 직접적인 영향을 확인할 수 있다. 최초로 설립된 학과는 1945년 설립된 <북경대학 외국어학원 조(한)문학부>이었으며, 한중수교 이전까지는 5개 대학에 불과했다. 그러나 수교 직후 한국 관련 학과가 대거 설립되기 시작했다. 한중수교가 이루어진 1992년 한 해 동안만 해도 <산동대학교 외국어학원 조선어학부>를 비롯하여 무려 4개 대학에서 한국 관련 학과를 설립했다. 지역 역시 호남성, 섬서성을 막론하고 전국적으로 그 범위를 확대했다.

<표 4> 중국 내 한국(조선) 관련 학과 설립연도와 명칭

설립연도	학과명
1945	북경대학외국어학원조(한)문학부
1949	연변대학조한문학원
1951	대외경제무역대학외국어학원조(한)학부
1972	중앙민족대학중국소수민족언어문학학원조선언어문학학부
1978	통화사범학원외국어학원조선어학부
1990	대련외국어대학교한국어학원
1992	산동대학교 외국어학원 조선어학부 중국해양대학교외국어학원조선어학부 연태대학외국어학원조선어학부 청도대학외국어학원조선어학부
1993	길림대학외국어학원조선어학부 요녕대학국제관계학원한국학학부
1994	상해외국어대학교동방학원조선(한국)학과 천진외국어대학교아세아-아프리카어학원한어학부 북경외국어대학아세아-아프리카학원조선어학부
1995	복단대학외국어언문학학원한어언어문학학부 북경언어대학동방언어문화학원한국어학부

1996	흑룡강대학동어학원조선어학부 하북경제무역대학외국어학원조선어학부
1997	광동외무외국어대학교동방언어문화학원조선(한국)어학부
1998	장춘리공대학외국어학원조선어학부
1999	노동대학외국어학원조선어학부
2001	양주대학외국어학원조선어학부 호남리공학원외국언어문학학원한국어학부
2002	남경사범대학외국어학원조선어학부 천진사범대학외국어학원조선어학부 중남림업과학기술대학외국어학원조선어학부
2003	요동학원조한(조한경제와문화)학원조선어학부
2004	서안외국어대학동방언어문화학원조선어학부 천진외국어대학빈해외사학원조선어학부 하북대학외국어학원조선어학부
2005	정주경공업학원외국어학원조선어학부
2006	남경대학외국어학원조선(한국)어학부
2007	소주대학외국어학원조선어학부 회해공학원외국어학원(국제학원) 조선어학부 상해해양대학외국어학원조선어학부
2008	호남사범대학외국어학원조선어학부 대련민족대학외국어학원조선어학부
2009	화중사범대학외국어학원조선(한국)어학부 천진사범대학진고학원외국어계조선어학부 중산대학국제번역학원조선어학부 천진사범대학진고학원 외국어계조선어학부
2010	합비학원외국언어계조선어교연실
2012	상해상학원외국어학원조선어학부
2013	서안번역학원 아세아유럽언어문화학원 동어계 조선어학 항주사범대학외국어학원조선어학부
2015	서안외사학원국제합작학원국제교류중심조선(한국)어학부

아래 <그림 8>과 <그림 9>는 중국 내 한국(조선) 학과와 연구소 관련 현황인데, 설립연도와 더불어 학위과정 설치 여부, 한국과의 연계 및 교수의 규모 등 현황을 정리한 표이다. 상당히 많은 대학과 연구소

에서 석사 및 박사 학위과정을 설치하고 있으며, 한국과의 연계를 매우 중시하고 있음을 확인할 수 있다. 총 50개 대학 중 58%에 해당하는 29개 대학이 석박사 과정을 운영하고 있다. 이는 이제 언어교육뿐만 아니라 연구의 필요성도 증가하고 있기 때문인 것으로 풀이된다. 한중 양국의 교류협력 증가에 따른 상호 이해의 필요성도 증가하고 있다는 점을 반영하는 것이다. 한국과의 연계 지표는 한국의 대학 혹은 연구기관과 자매결연을 비롯한 교류협력관계를 맺고 있는가를 측정한 것이다. 총 50개 대학 중 겨우 8개 대학을 제외한 거의 대부분(84%)의 대학이 한국과의 연계를 갖고 있는 것으로 파악된다.

번호	소재지	학과명	설립연도	학사	석박사	한국연계	교수수(명)
1	강소성 남경시	남경대학외국어학원조선(한국)어학부	2006	O	O	O	7
2	강소성 양주시	양주대학외국어학원조선어학부	2001	O	O	O	9
3	강소성 연운항시	회해공학원외국어학원(국제학원) 조선어학부	2007	O	X	O	5
4	남경	남경사범대학한국어학원조선어학부	2002	O	O	O	7
5	광동성 광주시	중산대학국제번역학원조선어학부	2009	O	X	O	5
6	광주	광동외무외국어대학교동방언어문화학원조선(한국)어학부	1997	O	O	O	7
7	북경	대외경제무역대학외국어학원조선(한)어학부	1951	O	X	X	8
8	북경	북경대학외국어학원조선(한)어학부	1945	O	O	X	9
9	북경	북경외국어대학아세아-아프리카학원조선어학부	1994	O	O	O	7
10	북경	북경제2외국어학원아세아학원조선어학부	2018	O	O	O	10
11	북경	중앙민족대학중국소수민족언어학학원조선어언어문학학부	1972	O	O	O	12
12	북경	북경언어대학동방언어문화학원한국어학부	1995	O	O	O	9
13	산동성	노동대학외국어학원조선어학부	1999	O	X	O	16
14	산동성	곡부사범학원번역학원조선어학부		O	O	O	14
15	산동성 제남시	산동대학교외국어학원한어학부	1992	O	O	O	16
16	청도시	중국해양대학외국어학원조선어학부	1992	O	O	O	8
17	청도시	청도대학외국어학원조선어학부	1992	O	O	O	16
18	연태	연태대학외국어학원조선어학부	1992	O	O	X	11
19	상해	상해외국어대학교동방어학원조선(한국)학과	1994	O	O	O	
20	상해	복단대학외국어언어문학학원아언어문학학부	1995	O	O	O	8
21	상해	상해해양대학외국어학원조선어학부	2007	O	O	O	6
22	상해	상해상학원외국어학원조선어학부	2012	O	X	O	8
23	서안	서안번역학원 아세아유럽어문학학원 동아계 조선어학	2013	O	X	X	5
24	서안	서안외국어대학동방언어문화학원조선어학부	2004	O	O	O	7
25	섬서성 서안시	서안외사학원국제합작학원국제교류중심조선(한국)어학부	2015	O	X	O	
26	안휘성 합비시	합비학원외국어언어계조선어교연실	2010	O	X	X	9
27	절강성 소주시	소주대학외국어학원조선어학부	2007	O	X	O	7
28	항주시	항주사범대학외국어학원조선어학부	2013	O	O	O	7
29	천진	천진외국어대학교아세아-아프리카어학원한국어학부	1994	O	O	O	15
30	천진	천진외국어대학아세아-아프리카학원한국어학부	1994	O	O	O	12
31	천진	천진사범대학외국어학원조선어학부	2002	O	X	O	12
32	천진	천진외국어대학빈해외사학원조선어학부	2004	O	X	O	8
33	천진	천진사범대학진고학원외국어계조선어학부	2009	O	X	O	14
34	천진	천진사범대학진고학원 외국어계조선어학부	2009	O	X	O	14
35	하북성 보정시	하북대학외국어학원조선어학부	2004	O	X	O	9
36	하북성 석가장시	하북경제무역대학외국어학원조선어학부	1996	O	O	O	10
37	호남성 악양시	호남리공학원외국어언어문학학원한국어학부	2001	O	X	O	16
38	호남성 장사시	중남림업과학기술대학외국어학원조선어학부	2002	O	X	O	7
39	장사	호남사범대학외국어학원조선어학부	2008	O	O	O	10
40	호북성 무한시	화중사범대학외국어학원조선(한국)어학부	2009	O	O	O	7
41	정주시	정주경공업학원외국어학원조선어학부	2005	O	O	O	7
42	흑룡강성 할빈시	흑룡강대학동방학원조선어학부	1996	O	O	O	7
43	길림	길림대학외국어학원조선어학부	1993	O	O	X	8
44	길림성 장춘시	장춘리공대학외국어학원조선어학부	1998	O	O	X	3
45	단동시	요동학원조한(조한경제와문화)학원조선어학부	2003	O	X	X	15
46	대련	대련외국어대학교한국어학원	1990	O	O	O	32
47	대련	대련민족대학한국어학원조선어학부	2008	O	O	O	8
48	연변	연변대학조한문학원	1949	O	O	O	24
49	요녕성 심양시	요녕대학국제관계학원한국학학부	1993	O	O	O	8
50	통화	통화사범학원외국어학원조선어학부	1978	O	X	X	7

<그림 8> 중국 내 한국(조선) 학과 관련 현황

번호	소재지	연구소명	설립연도	학사	석박사	한국연계
1	강소성 남경시	남경대학외국어학원한국어학연구중심	2013	○	X	○
2	강소성 양주시	양주대학한국어문학연구중심	2007	○	○	○
3	광동성 광주시	중산대학한국연구소	2006	○	○	○
4	광동성 주해시	길림대학주해한국학연구소	2008	○	X	○
5	북경	북경대학한국연구중심	1993	○	X	
6	북경	중국정법대학정치와공공관리학원조선반도연구중심	2012	○	X	
7	북경	외교학원중일한관계연구중심	2013	○	X	
8	북경	북경외국어대학세계아세아아연구정보중심	2007	○	X	
9	북경			○	X	
10	북경	북경언어대학한국어연구소	1995	○	X	○
11	북경	중국인민대학한국연구중심	1995	○	X	○
12	북경	외교학원동북아연구중심	2003	○	X	
13	북경	중국인민대학한국연구중심		○	X	
14	북경	중국인민대학상학원한중기업경영연구	2006	○	X	
15	북경	중국사회과학원아태(아세아·태평양)연구소	1956	○	X	
16	북경	북경대학아세아-태평양연구원	2002	○	X	○
17	북경	대련외국어대학북경일본연구중심	2014	○	X	
18	사천성 성도시	사천사범대학한국연구중심	2013	○	X	
19	산동성	산동대학중일한연구중심		○	X	
20	산동성	곡부사범대학번역학원한중문화연구소		○	X	
21	산동성 연태시	연태대학외국어학원동아연구소	1989	○	X	
22	산동성 위해시	산동대학동북아연구소	2004	○	X	
23	산동성 위해시	산동대학한국학원한중교류중심	2004	○	X	○
24	산동성 위해시	위해시문동기사학원한중문화중심	2018	○	X	
25	산동성 제남시	제남대학동아연구소	2012	○	X	
26	산동성 청도시	청도대학한국어학원연구중심	2008	○	X	
27	산동성 청도시	중국해양대학한국연구중심	2007	○	○	○
28	산동성 청도시	청도빈해학원한중통상연구소	2005	○	X	
29	산동성 청도시	청도빈해학원한국연구중심	2008	○	X	
30	상해	복단대학조선-한국연구중심	1992	○	○	○
31	상해	복단대학중한문화비교연구소		○	○	○
32	상해	상해사회과학원국제문제연구소조선반도연구중심	2015	○	X	
33	상해	복단대학아세아연구중심	2002	○	X	
34	상해	상해외국어대학조선반도문제연구소중일한동아연구소	1994	○	X	
35	섬서성 서안	서안외국어대학인문사회과학중심	2015	○	X	
36	섬서성 서안	서북대학동아교류중심	2014	○	X	
37	섬서성 서안	서안번역학원한중문화류중심	2015	○	X	
38	섬서성 위남시	위남사범학원외국어학원한중문화교류중심	2011	○	X	
39	절강성 소흥시	절강월수외국어학원한중문화중심	2007	○	X	
40	절강성 소흥시	절강월수대학동아지연(변별)관계연구중심	2015	○	X	
41	절강성 주산시	절강해양대학동해한문화연구중심	2009	○	X	
42	절강성 항주시	절강수대학동아연구중심	2004	○	X	
43	천진	천진사회과학원동북아연구소	1999	○	X	
44	천진	남개대학아세아연구중심	2004	○	○	
45	천진	천진사범대학외국어학원한중문화중심	2006	○	X	
46	하남성 정주시	정주경공업대학원외국어학원한중문화중심	2008	○	○	
47	호남성	호남대학한국학연구소	1993	○	○	○
48	호남성 상담시	상담대학동아연구중심	2018	○	X	
49	호남성 장사시	호남과학기(술)대학외국어학원한국어중심	2011	○	○	
50	호남성 장사시	중국사회과학원아태(아세아)·태평양외전세계전략연구원	2011	○	○	
51	호남성 장사시	호남대학한국문화중심	2013	○	X	○
52	호남성 장사시	서남대학한중교류교외연구중심	2005	○	X	
53	호남성 무한시	무한사범대학한국문화연구소	2009	○	X	
54	흑룡강성 합빈시	흑룡강사회과학원동아연구소	1989	○	X	
55	심양시	요녕대학국제관계학원조선-한국연구중심	1993	○	○	○
56	요녕성	연변대학조선-한국연구중심조선반도연구협동창신중	1979	○	X	○
57	요녕성	요녕대학아세아연구중심		○	X	
58	요녕성	요녕사회과학원조선-한국연구중심		○	X	
59	요녕성 대련시	대련민족대학국제연어문학연구중심일본학연구원	2002	○	X	
60	길림	길림대학동북아연구원	1964	○	X	○
61	길림	길림성사회과학원조선-한국연구소	1964	○	X	
62	길림성 장춘시	길림대학동아연구중심	1988	○	X	
63	길림성 장춘시	길림성사회과학원조선반도연구기지	2008	○	○	
64	길림성 장춘시	동북사범대학동북아연구소인민중	2004	○	X	
65	길림성 통화시	통화사범학원조선반도경제문화연구중심	2013	○	X	○
66	장춘시	동북대학동북아연구중심	2004	○	X	
67	대련	대련대학인문학부사범학원한중연구원중조교류중심		○	X	
68	대련	대련대학중일동북사연구중심	2002	○	X	

<그림 9> 중국 내 한국(조선) 연구소 관련 현황

중국의 한국 관련 학과와 연구소의 특징을 종합하면 다음과 같다. 우선, 한국 관련 학과와 연구소는 동북3성(산동성, 길림성, 요녕성)과 북경, 상해, 천진에 많이 분포하는데, 이는 한국 관련 인재를 많이 필요로 하는 지역이기 때문인 것으로 판단된다. 다음으로, 이러한 연구기관은 대부분 1990년대 이후에 활발하게 설립되었다. 1992년 한중수교가 직접적인 영향을 미쳤다고 판단할 수 있다. 또한 연구 분야에 있어서는 각 분야가 비교적 균형적인 분포를 보이고 있어, 지역별 큰 구분 없이 다양한 분야의 연구가 진행되고 있다고 해석할 수 있다. 물론 지역의 특성에 따라 특정 분야가 비교적 많이 연구되는 것도 주목할 만하다. 북경은 정치외교 분야에서, 한국과의 교류가 많은 지역은 경제경영 분야의 연구가 비교적 활발하게 진행되고 있으며, 산동성과 같이 역사적 연원이 깊은 지역의 경우에는 다른 지역에 비해 사회문화 분야의 연구가 가장 활발한 것으로 나타났다. 다음으로, 연구소 설립과 지역분포의 확대도 두드러지게 나타났다. 한중수교를 계기로 연구소의 설립은 매우 활발해졌으며, 지역분포 또한 동북3성을 떠나 전국 각 지역으로 확대되었다. 마지막으로 상당히 많은 대학과 연구소에서 석박사 학위과정을 설치하고 있으며, 한국과의 연계를 매우 중시하고 있음을 확인할 수 있다.

제2절 사회 분야의 거시 지형도

본서는 '중국의 한국학' 중 '사회문화 분야'에 집중했다. 이 부분에서는 사회문화 분야에서도 우선 '사회 분야'를 대상으로 한다. 연구 방법에서도 소개했듯이, 사회 분야의 분석에는 분석 대상 데이터베이스(CNKI)의 중분류 중 사회과학 이론과 방법(社會科學理論与方法), 사회학 및 통계학(社會學及統計學), 민족학(民族學), 인구학 및 계획생육(人口學与計划生育), 인재학 및 노동과학(人才學与勞動科學)의 자료를 포함하였다.

1. 연도별 논문 발표 분포

아래 <그림 10>은 중국 CNKI(China National Knowledge Infrastructure, 中國知網)의 학술논문 데이터베이스에 수록된 각 분야별 연구 성과의 연도별 분포도이다. 관련 문헌의 최초 발표 시기는 각 분야별로 상이했는데,

1978년에 어문학 분야에서 최초의 한국학 관련 논문이 발표되었다.

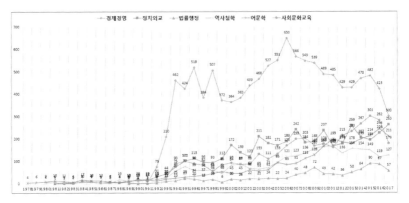

<그림 10> 각 분야별 연구 성과의 연도별 분포도

<그림 10>에서도 확인할 수 있듯이, 중국 학계의 한국학 관련 연구는 어문학 분야, 경제경영, 정치외교, 법률행정, 역사철학, 사회문화교육 등 각 분야에서 고르게 분포 진행되고 있으며, 그중에서도 경제경영 관련 분야의 연구와 관심이 가장 크게 나타났고, 나머지 분야에서도 학술적 관심과 연구 성과가 지속적으로 생산되고 확대되고 있는 추세로 파악된다.

아래 <그림 11>은 '사회 분야'만 별도로 파악한 연도별 한국학 관련 논문 발표 분포도이다. 1982년부터 2017년까지 연도별로 부분적인 증감은 보이지만 전체적인 추세는 우상향 성장세를 지속하고 있음을 확인할 수 있다. 특히 한중수교 이후부터는 눈에 띄게 성장하여 예전보다 훨씬 많은 수의 논문들이 생산되었다. 비록 매년 생산된 논문의 수가 일정하지는 않지만 1992년부터 2017년까지의 발표 논문 수는 지속적으로 성장하고 있는 추세이다. 특히 2015년 한 해 42편이 두드러지게

발표되긴 했지만, 장기적인 추세로 보면 매년 약 20편 정도의 논문이 꾸준히 발표되었다. 즉 한중수교 이후부터 사회 분야의 관심이 꾸준히 높아지고 있음을 확인할 수 있다.

특이한 점은 한중수교 이전에도 북한에 대한 논문은 크게 보이지 않고, '조선'이란 표현 역시 북한을 지칭하기보다는 조선시대를 지칭하는 것으로 파악되었다. 예를 들면, 中根千枝와 艾石의 <중국, 조선과 일본 전통국가 구조 중 지방 친속관계 조직의 비교 분석(中國, 朝鮮和日本傳統國家結构中地方親屬關系組織的比較分析)>은 1982년 ≪민족역총(民族譯叢)≫에 발표된 논문으로 사회 분야에서 가장 최초로 발표된 한국 관련 논문이자 한중수교 이전에 발표된 유일한 논문이다. 이 논문에서는 조선과 일본은 모두 중국 문화의 영향을 심각하게 받은 나라이지만, 각국의 사회 내부조직을 비교 관찰해 보면 상당한 차이가 존재한다는 점을 강조했다. 결코 지금의 북한을 지칭한 것이 아니라는 점을 확인할 수 있다. 그뿐만 아니라, 1992년에 들어서면서 '조선'이란 표현보다는 '한국'이란 표현이 훨씬 지배적이 된다는 점이다. 1992년부터 발표된 논문의 제목을 살펴보면, <한국 직업훈련의 입법과 행정관리(韓國職業培訓的立法和行政管理)>; <제4차 조선학 국제학술토론회의 재북경 거행(第四次朝鮮學國際學術討論會在京舉行)>; <남조선 한국 정신문화연구원(南朝鮮"韓國精神文化研究院")>; <한국의 정치 경제 인구 개황(韓國政治, 經濟, 人口概況)>; <절강성 사회과학원 한국연구센터의 설립(浙江省社會科學院韓國研究中心成立)>; <한국의 직업훈련(韓國的職業培訓)>; <한국기업의 인재육성 의지(韓國企業不惜工本大力培養人才)>; <한국 인구통제정책의 제정과 실시(韓國人口控制政策的制定与實施)>; <나는 어떻게 한국여객기를 격추시켰는가?(我怎樣擊

落了韓國客机)> 등이다. 이러한 발표 논문의 제목에서 볼 수 있듯이 한중수교 이후부터 중국의 지식계에서는 본격적으로 북한이 아닌 한국에 관심을 갖기 시작했다는 점을 확인할 수 있다.

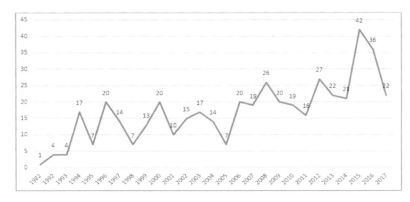

<그림 11> 사회 분야 1982-2017년 연도별 분포도

2. 주요 연구자

다음으로는 빈도분석을 통해, 어떤 연구자와 학술기관, 학술지가 한국의 사회 분야 연구를 가장 중점적으로 생산했는가를 분석했다.[30]

---

30) 여기서 사용된 빈도분석 결과, 즉 발표 논문 수의 빈도 정도, 출현 빈도가 높은 학술기관, 학술지가 해당 분야에서의 영향력을 바로 대변하는 것만은 아니다. 빈도수는 많지만 학계에서의 피인용지수가 크게 높지 않거나 당시의 핵심 키워드와는 크게 일치하지 않는 논문을 다수 생산한 경우도 있기 때문이다. 본서에서 주장하는 바도 이와 같은 오류를 범하지 않기 위해 빈도분석만으로 주요 저자와 주요 학술지, 학술기관을 선정할 수 없다는 것이다. 따라서 본서에서는 다음 장에서 미시적 분석을 통해 빈도에서는 나타나지 않지만 실제 영향력이 높은 오피니언 리더를 발굴할 것이다. 하지만 빈도분석을 통해서도 최소한 해당 저자, 학술기관, 학술지가 한국의 해당 분야에 비교적 많은 관심을 갖고 있다는 점은 충분히 확인할 수 있을 것이다.

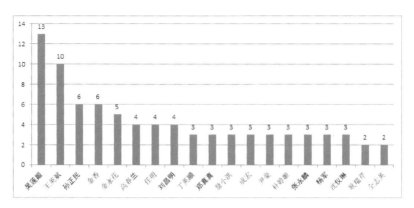

<그림 12> 사회 분야 저자별 분포도

　가장 많은 연구를 진행한 연구자는 오연희(吳蓮姬), 왕영빈(王英斌),
손정민(孫正民), 김향(金香), 김영화(金永花)의 순이었다. 오연희(吳蓮
姬)는 중국의 대표적 사회과학 연구기관인 중국 사회과학원 한국연구
센터(中國社會科學院韓國硏究中心)의 연구원으로 동 기관의 문헌정보
센터 연구원을 겸하고 있는 것으로 파악된다. 한국의 인재 양성과 관리
체제, 한국의 과학인재 양성정책, 한국의 여성연구, 중한 문화 교류, 한
국의 노령화 등 다수의 한국 관련 연구 성과를 생산해 내고 있다(<그
림 13> 참조). 오연희는 주로 당대한국(當代韓國)과 국외사회과학(國
外社會科學)에 주로 게재했으며, 한국의 학자와도 공동연구를 다수 진
행하였다.

　왕영빈(王英斌)은 공산당 당원이며 2002년 9월 연태일보사 사무실 주
임을 역임하고 현재 연태일보사 부총편집장을 맡고 있는 연구자로서 한
국의 문화산업, 직업만족도 등 사회문화 관련 연구를 다수 진행하고 있
다(<그림 14> 참조). 특이한 점은 주로 학술지 ≪세계문화(世界文化)≫
에 대부분 게재하고 있다는 점이다. ≪세계문화(世界文化, World

Culture)≫는 천진 외국어학원(天津外國語學院)에서 발간하는 철학 및 인문과학 분야의 월간 학술지로 1980년 창간된 이래 총 9천여 편의 논문을 게재하고 있다(<그림 15> 참조).

作者文献

最高被引

[1]   明清时期中韩文化交流概况[J] 吴莲姬.当代韩国 . 2002 (03)

[2]   韩国的IT人才培养政策[J] 吴莲姬.国外社会科学 . 2004 (04)

[3]   韩国女性教育的变迁[J] 吴莲姬.国外社会科学 . 2002 (02)

最高下载

[1]   明清时期中韩文化交流概况[J]. 吴莲姬.当代韩国 . 2002(03)

[2]   韩国女性教育的变迁[J]. 吴莲姬.国外社会科学 . 2002(02)

[3]   韩国的IT人才培养政策[J]. 吴莲姬.国外社会科学 . 2004(04)

[4]   浅谈韩国的老龄化问题及对策[J]. 严东旭,吴莲姬.国外社会科学 . 2003(03)

[5]   韩国社会学中女性研究的发展与挑战[J]. 李在京,吴莲姬.国外社会科学 . 2008(04)

[6]   韩国的中国学研究动向与课题[J]. 高永根,吴莲姬.国外社会科学 . 2004(02)

[7]   韩国人文社会科学资助政策与管理[J]. 吴莲姬.国外社会科学 . 2007(05)

[8]   走在信息化前列的韩国文化城市——春川[J]. 吴莲姬.当代韩国 . 1998(03)

[9]   韩国亚洲妇女问题研究所[J]. 吴莲姬.当代韩国 . 2001(02)

<그림 13> 吳蓮姬의 연구 성과물 예시

	题名	作者	来源	发表时间	数据库	被引	下载
□1	韩国文化产业出口额增长显著	王英斌	世界文化	2019-10-01	期刊		79
□2	全球三大机场品牌价值几何	王英斌	世界文化	2019-08-01	期刊		22
□3	韩国网购率居全球榜首	王英斌	世界文化	2018-06-01	期刊		27
□4	韩国中小学生主观幸福指数低下	王英斌	世界文化	2017-08-01	期刊		25
□5	韩国职业满意度调查:法官高居榜首	王英斌	世界文化	2017-06-01	期刊		29
□6	韩国网民近九成	王英斌	世界文化	2017-04-01	期刊		41
□7	韩国文学活跃推动出版市场火爆	王英斌	世界文化	2017-02-01	期刊	2	121
□8	韩国最受尊敬的职业	王英斌	世界文化	2017-02-01	期刊		31
□9	韩国电影观众数连续5年创新高	王英斌	世界文化	2016-03-01	期刊		40

<그림 14> 王英斌의 연구 성과물 예시

<그림 15> 학술지 ≪세계문화(世界文化)≫

손정민(孫正民)은 한국의 외국인노동자 정책, 취업이민, 고용제도, 현지화 관리 등 한국의 노무 관련 연구를 다수 진행하고 있다. 특이한 점은 손정민 역시 거의 대부분의 한국 관련 연구 성과를 ≪국제공정 및 노무(國際工程与勞務)≫ 학술지에 게재하고 있다. 이 학술지는 중국 대외승포공정상회(中國對外承包工程商會)에서 발간하는 경제 무역 분야의 월간 학술지로 1988년 창간된 이래 근 3천 편에 달하는 논문을 게재하고 있다.

김향(金香)은 중국사회과학원 소속 연구자로 한국의 금융위기, 조선족 문화, 금기문화 등 한국 사회 관련 연구를 다수 진행했다. 또한 거의 대부분의 연구 성과를 당대한국(當代韓國)에 게재하였다. 당대한국이 한국 관련 연구의 대표적 학술지임을 재차 확인할 수 있다.

김영화(金永花)는 중국 사회과학원 소속 연구자로 한국의 경제, 노동력 부족 현상, 외국인 노동자 정책, 고용허가제도, 인구문제 등 한국의 노무 관련 연구와 인구문제 연구를 다수 진행하였다. 연구 성과는 비교적 다양한 학술지에 게재하였는데, 그중에서도 인구학간(人口學刊)에 비교적 많은 연구 성과를 발표했다. 인구학간은 길림대학이 발행하는 인구 관련 격월간 학술지로 1981년 창간된 이래 근 3천5백 편의 논문을 싣고 있다.

3. 주요 학술기관

사회 분야 주요 연구자들의 소속기관은 길림대학 동북아연구원(吉林大學東北亞研究院), 산동대학 위해 상학원(山東大學(威海)商學院),[31]

---

31) 중국에서의 學院은 우리의 단과대학에 해당한다. 즉 商學院이라 함은 경영대학으로

중국 사회과학원 일본연구소(中國社會科學院日本研究所), 중국 사회과학원 아시아 태평양 및 세계 전략 연구원(中國社會科學院亞太与全球戰略研究院), 중국 사회과학원 연구생원(中國社會科學院研究生院), 중국 인민대학(中國人民大學), 중국 사회과학원 문헌정보센터(中國社會科學院文獻信息中心) 등이다.

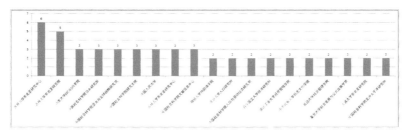

<그림 16> 사회 분야 소속기관별 분포도

길림대학 동북아연구원(吉林大學東北亞研究院)은 1994년에 설립됐다. 개혁개방과 동북아 지역 경제협력 발전의 필요에 부응하기 위한 목적으로 설립되었고, 주로 동북아시아 경제, 역사와 사회발전에 관한 연구를 수행하고 있으며, 과거에는 "동북아시아 지역 경제, 역사와 사회발전" 연구 과제를 추진했다. 산하에 6개의 연구소를 두고 있다.

산동대학 위해 상학원(山東大學(威海)商學院)은 1984년에 설립됐다. 경제이론, 현대 시장경제 운영규칙, 관리능력과 관리기능, 분석능력이 강하며, 외국의 경제무역관리 실무와 교수연구에 종사할 수 있는 인재 배양을 목적으로 설립됐다. 특히 동아시아 경제 연구를 수행하고 있으

이해하면 된다. 본서에서는 중국식 표현을 존중하여 대학으로 표현하지 않고 그대로 학원으로 명기한다.

며, 동북아시아 지역경제와 발전 프로젝트를 진행했다. 현재 미국, 호주, 영국, 스페인, 한국 등 국가의 대학들과 우호협력 관계를 맺고 있으며, 2개 대학, 8개 학과, 교수 58명, 학생 4,000명으로 구성되어 있다.

중국 사회과학원 일본연구소(中國社會科學院日本研究所)는 1981년에 설립됐다. 심도 있는 일본 연구를 목적으로 설립되었다. 주로 일본의 정치, 경제, 사회, 문화, 외교 연구를 수행하고 있으며, 현재 일본의 다수 대학들과 교류 협력하고 있다.

중국 사회과학원 아시아 태평양 및 글로벌 전략 연구원(中國社會科學院亞太与全球戰略研究院)은 2011년에 설립됐다. 마르크스주의를 중심으로 올바른 정치 방향과 학술 방향을 견지하며, 중국 공산당의 대외정책에 따라 중국의 대외관계와 국제관계 분야의 이론 정립을 목적으로 설립되었다. 현재 세계경제, 정치, 사회발전 연구를 수행하고 있다.

중국 사회과학원 연구생원(中國社會科學院研究生院)은 1978년에 설립됐다. 인문, 철학 및 사회과학 각 학과의 박사생과 석사생 양성을 목적으로 설립되었다. 주로 철학, 이론경제학, 응용경제학 연구를 수행하고 있다. 현재 미국, 캐나다, 영국, 프랑스, 러시아, 스위스, 네덜란드, 호주, 일본, 한국, 싱가포르 대학들과 교류 협력하고 있다. 40개의 학과가 개설돼 있으며, 현재 3,100명의 학생이 재학 중이다.

중국 인민대학(中國人民大學)은 1937년에 설립됐다. 마르크스레닌주의 소양과 전문지식을 갖춘 신중국 건설 인재 육성을 목적으로 설립되었다. 섬북(陝北)공과대학, 화북(華北)연합대학, 화북대학이라는 이름으로 출범했으나, 현재 중국 인민대학으로 변경했다. 하버드대학, 예일대학, 콜롬비아대학, 미시건대학, 케임브리지대학 등 세계 유수 대학과 교류 협력관계를 맺고 있으며, 5개의 단과대학, 81개의 학과, 1,364

명의 교수로 구성되어 있다.

중국 사회과학원 문헌정보센터(中國社會科學院文獻信息中心)는 1957
년에 설립됐다. 원래 중국과학원 철학 사회과학부 정보연구실, 학술자
료연구실, 중국사회과학연구소라는 이름들로 변해 왔고, 현재는 중국
사회과학원 문헌정보센터이다.

4. 주요 학술지

사회분야에서 한국 관련 논문이 가장 많이 실린 학술지는 ≪당대한
국(当代韓國)≫, ≪인구학간(人口學刊)≫, ≪국외사회과학(國外社會科
學)≫, ≪세계문화(世界文化)≫, ≪중국인재(中國人才)≫, ≪국제인재
교류(國際人才交流)≫, ≪서북인구(西北人口)≫, ≪연변대학 학보(延邊
大學學報(社會科學版))≫ 등이다.

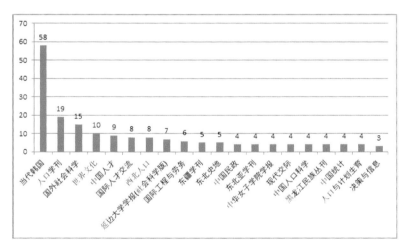

<그림 17> 사회 분야 학술지별 분포도

≪당대한국(当代韓國, Contemporary Korea)≫은 사회과학문헌출판사와 중국 사회과학원 한국연구센터에서 연합 발간하는 국가급 계간지이며, 1993년 창간하여 지금까지 총 2,730여 편의 한국 정치, 경제, 문화, 교육, 역사, 외교 등 연구 논문을 게재하고 있다.

<그림 18> ≪당대한국(当代韩国)≫

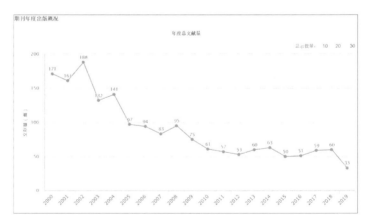

<그림 19> ≪당대한국(当代韩国)≫의 연도별 출판 현황

아쉬운 점은 연도별 출판 현황은 2000년대 초반에는 최고 절정기를 맞이하였으나 갈수록 출판 문헌 총량이 감소하여 최근에는 1년에 겨우 50, 60여 편에 그친다는 점이다.

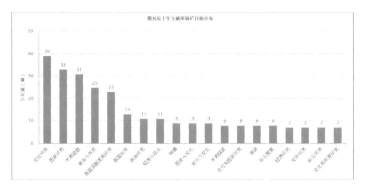

<그림 20> 《당대한국(当代韩国)》 최근 10년간 게재 논문 분야

《인구학간(人口學刊)》은 길림대학에서 1981년 창간한 학술지로 격월제로 발간되고 있으며, 인구학과 계획생육(인구조절) 관련 논문을 총 3,413여 편 생산하고 있다.

<그림 21> 《인구학간(人口学刊)》

≪국외사회과학(國外社會科學)≫은 중국사회과학원 자료정보 연구원(中國社會科學院 信息情報研究院)에서 1978년에 창간한 중앙급 격월 학술지로서, 중국 인문사회과학의 중심 학술지이다. 국내외 사회과학의 최신 학술이론, 연구 방법과 발전 추세, 특히 새로운 사조와 이론을 소개하고, 세계 각국의 정치, 경제, 문화, 사회, 군사, 철학, 법률, 역사, 교육, 문예, 민족, 종교와 마르크스주의 연구 및 해외 중국 연구 등 영역의 정보를 제공하는 목적으로 창간된 이래 현재까지 총 10,701여 편의 논문이 발간되고 있다.

<그림 22> ≪국외사회과학(国外社会科学)≫

≪세계문화(世界文化, World Culture)≫는 천진 외국어학원(天津外國語學院)에서 발간하는 철학 및 인문과학 분야의 월간 학술지로 1980년 창간된 이래 총 9천여 편의 논문을 게재하고 있다(상기 <그림 15> 참조).

≪서북인구(西北人口)≫는 간쑤성 인구와 계획출산위원회(甘肅省人
口和計划生育委員會), 란저우 대학(蘭州大學), 간쑤성 통계국(甘肅省
統計局), 간쑤성 인구학회(甘肅省人口學會)가 연합 창간한 격월제 학
술지이다. 인구학과 계획생육 연구를 목적으로 1980년 창간된 이래 현
재까지 약 3,802편의 논문이 게재되고 있다.

<그림 23> ≪서북인구(西北人口)≫

≪연변대학 학보(延邊大學學報(社會科學版))≫는 국내외에 공개 발
간하는 종합성 학술이론 학술지로서 국내외 학술 교류 촉진과 학술 인
재 양성을 목적으로 창간되었으며, 2000년, 2002년, 2006년 연속 3회
전국 우수 사회과학 학보로 선정되었고, 2001년에는 중국 인문사회과
학 중요 학술지로 선정된 우수 학술지이다.

<그림 24> ≪연변대학 학보(延边大学学报(社会科学版))≫

제3절 문화 분야의 거시 지형도

본서가 집중 분석하고 있는 '사회문화 분야' 중 '문화 분야' 분석에는 데이터베이스(CNKI)의 중분류 중 문화(文化), 신문 및 방송매체(新聞 与傳媒)를 포함하였다.

1. 연도별 논문 발표 분포

아래는 문화 분야의 연도별 논문 발표 분포도이다. 문화 분야는 앞의 사회 분야와는 다르게 1950년대부터 조선에 대한 관심이 있어 왔다. 하지만 그 수가 별로 많지는 않아서 문화 분야 역시 큰 관심을 갖고 있었다고는 판단되지 않는다. 그러나 1982년부터 2017년까지는 지속적인 성장을 해왔다. 특히 한중수교 이후부터 훨씬 많은 수의 논문들이 생산되었음을 확인할 수 있다. 비록 매년 생산된 논문 수가 일정하지는 않지만 1992년부터 2017년까지의 발표 논문 수는 지속적으로 성장하고 있는 추세이다. 즉 수교 이후부터 사회 분야와 더불어 문화 분야에 대한 학술적 관심 역시 높아지고 있음을 확인할 수 있다.

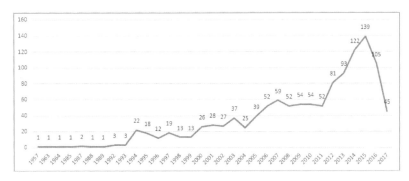

<그림 25> 문화 분야 1957-2017년 연도별 분포도

문화 분야 최초의 한국 관련 논문으로는 石羅의 <社會主義國家新聞事業槪況──朝鮮(사회주의 국가 신문사업 개황-조선)>을 들 수 있는데, 이 논문은 북한의 신문방송 사업에 대한 소개로 조선시대부터 식민지 시대까지의 신문방송 출판업에 대한 소개를 하고 있다. 특히 식민지 시대의 지하활동과 항일활동에 지하 신문매체가 중요한 역할을 했다는 점을 강조하고 있다.

이뿐만 아니라, 사회 분야에서도 확인한 바와 같이, 1992년 한중수교를 기점으로 한반도를 지칭하는 표현 방법이 극적으로 변화하는 점을 주목할 필요가 있다. 1992년 한중수교 이전에 발표된 논문의 제목은 <社會主義國家新聞事業槪況──朝鮮(사회주의 국가 신문사업 개황-조선)>; <朝鮮越南工藝(조선과 베트남의 공예)>; <朝鮮文學藝術總同盟第三次全體擴大會議(조선 문학예술 총동맹 제3차 전체 확대회

의)>; <朝鮮最早的私營報刊 ≪漢城周報≫ 在我國發現(조선 최초의 민영신문사 ≪한성주보≫의 중국에서의 발견)>; <我國和朝鮮人民的圍棋交往(중국과 조선인민의 바둑 교류)>; <回顧我國朝鮮文報的四十个春秋(중국의 조선문 신문의 40년 역사 회고)>; <1919-1937年朝鮮人在上海辦的朝文報(1919-1937년 조선인이 상해에서 발간한 조선문 신문)>; <我國朝鮮語广播發展概況(중국의 조선어 방송 발전 개황)> 등과 같이 대부분 '조선'으로 표현되었다. 물론 이 '조선'이 반드시 북한을 지칭하는 것은 아니지만, 최소한 '한국'이란 표현은 등장하지 않는다. 그러나 한중수교 이후에는 곧바로 '한국'이란 표현이 지배적으로 등장한다. 예를 들면, <韓國的儒敎思想(한국의 유교사상)>; <今日韓國報業槪況(최근 한국 언론사 업계 개황)>; <唐, 吳越時期浙東与朝鮮半島通商貿易和文化交流之硏究(당, 오, 월나라 시기 절강성 지역과 조선반도의 통상무역과 문화 교류의 연구)> 등이 그것이다. 이를 통해 볼 때, 한중수교를 계기로 조선시대를 지칭할 때를 제외하고, 한반도를 지칭하는 표현으로 북한을 의미하는 '조선'에서 남한을 의미하는 '한국'으로 전환되고 있는 것을 충분히 확인할 수 있다. 중국의 지식인들의 한국 인식이 북한에서 남한으로 이동하고 있음을 확인할 수 있는 것이다.

이 밖에도 중국의 한국 관련 논문에서 중요한 정보를 획득할 수 있는 경우도 있어 특기할 만하다. 1985년 ≪新聞界≫에 실린 姚福中의 <朝鮮最早的私營報刊 ≪漢城周報≫ 在我國發現(조선 최초의 민영신문사 ≪한성주보≫의 중국에서의 발견)>이 그것인데, 상하이 푸단대학 신문학과 자료실(夏旦大學新聞系資料室)의 희귀본 서고에서 발견된 조선 최초의 민영신문 ≪漢城周報≫에 대한 정보이다. 발견된 이 신문은 제16호인데, 조선 개국 495년, 즉 서기 1886년에 출판된 주간신문

(週報)이다. 이 ≪漢城周報≫는 중국의 각 도서관 목록에도 남아 있지 않으며, 가령 한반도에서도 발견하기 힘든 희귀본이라는 설명이다. 또한 한문과 한글을 혼용하고 있는데 한문이 비교적 많이 차지하고 博文局(박문국) 명의로 출판되었으며, 시사문제를 주요 내용으로 하고 있다고 설명하고 있다. 1886년에 이미 민영 신문이 존재했다는 사실, 그리고 한자와 한글이 혼용되었다는 내용 등 한글 민영 신문에 대한 구체적 정보는 한국의 근현대를 이해하는 사료적 가치가 충분한 중요한 발견인 것으로 판단된다.

2. 주요 연구자

다음으로는 빈도분석을 통해, 어떤 연구자와 학술기관, 학술지가 한국의 '문화 분야' 연구를 가장 중점적으로 생산했는가를 살펴보았다. 문화 분야에서 한국 관련 논문을 가장 많이 발표한 연구자는 곽진지(郭鎭之), 정보근(鄭保勤), 정원원(鄭媛媛), 정성굉(鄭成宏), 장춘영(張春英), 서옥란(徐玉蘭), 문춘영(文春英) 등이다.

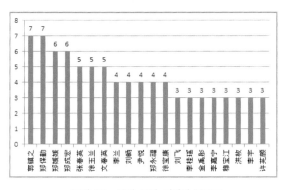

<그림 26> 문화 분야 저자별 분포도

곽진지(郭鎭之)는 중국의 저명한 신문방송학 학자이며 칭화대학(靑華大學) 신문방송학과 교수이다. 1995년 "중국-캐나다 교류 프로젝트"의 방문학자로서, 캐나다 퀘벡주 몬트리올에 있는 콩코디아대학 신문방송학 유관학과에서 8개월간 연구하였다. 귀국 후는 주로 방송사, 외국 방송 및 미디어에 대한 이론 강의 및 연구를 진행하고 있다. 대표저작인 《中國電視史》는 1991년 중국 인민대학 출판사에서 출판되어 1993년 중국 사회과학원 신문연구소 설립 15주년 기념 전문 학술서 최우수상을 수상하였다. 그 밖에 다수의 신문방송학 관련 저작을 발표하고 있는 저명 학자로 한국 관련 연구 또한 다수 발표하고 있다.

	題名	作者	来源	发表时间	数据库	被引
1	韩国广播电视的发展历程:叙述与分析	郭镇之	中国广播电视学刊	2001-08-25	期刊	9
2	亚洲金融危机后的韩国新闻事业	郭镇之	新闻战线	2001-10-10	期刊	7
3	韩国新闻事业历史述评	郭镇之	新闻与传播评论	2002-01-15	期刊	5
4	韩国新闻事业历史述评	郭镇之	新闻与传播评论	2002-01-15	键刊	5
5	韩国大众传媒近三年来的变革	郭镇之; 林洲英	新闻战线	2003-04-10	期刊	4
6	广播电视教育与研究——韩国传播学者朴明珍访谈录	郭镇之; 朴明珍	现代传播	2001-10-15	期刊	1
7	韩国的卫星与放送事业	康双斗; 郭镇之; 文春英	现代传播	2002-04-15	期刊	
8	"生活的世界"与"传播的世界"——韩国传播学者朴承宽访谈录	郭镇之; 朴承宽; 尖薄青	现代传播	2001-08-15	期刊	

<그림 27> 곽진지(郭鎭之)의 한국 관련 주요 연구 성과

정성굉(鄭成宏)은 중국 사회과학원 문헌정보센터의 연구원으로, <当代中國的韓國學研究現狀与趨勢>, 《中國社會科學院研究生院學報》(2003: 1)를 비롯하여 다수의 한국의 문화와 문화산업 관련 저작을 생산하고 있는 학자이다. 중국의 한국학 현황을 소개하면서, 중국의 한국

학이 비록 그 시작은 늦었으나 한중수교 이후 매우 빠른 성장을 이루
어 내고 있다고 강조한다. 하지만 양적 성장과 더불어 질적인 성장도
함께 이루어져야 하는 과제도 지적하고 있다.

□	題名	作者	来源	发表时间	数据库	被引	下载
□1	韩国文化产业现状与借鉴	郑成宏	当代韩国	2002-08-20	期刊	43	1458
□2	檀君神话成事实——韩国修改历史教科书	郑成宏;	世界知识	2007-06-01	期刊	9	311
□3	当代中国的韩国学研究现状与趋势	郑成宏	中国社会科学院研究生院学报	2003-01-13	期刊	9	407
□4	21世纪韩国外交展望	李敦球; 郑成宏	国外社会科学情况	1998-10-15	期刊	9	129
□5	韩国出兵越南对其国家发展的影响	郑成宏; 陈宝媛	东北亚论坛	2009-05-01	期刊	8	268
□6	中国和朝鲜半岛儒学文化的民间交流——以代表性的个案来说明	郑成宏	当代韩国	2003-05-20	期刊	8	342
□7	韩剧何以打动中国	郑成宏	世界知识	2005-02-16	期刊	7	567
□8	同胞手足之爱——韩国对朝鲜的经济援助	郑成宏;	世界知识	2007-01-01	期刊	6	206
□9	韩国女性参政的现状及其广泛参政方案	白永玉; 郑成宏	当代韩国	2002-02-20	期刊	5	242
□10	当代韩国的中国文学研究	郑成宏	当代韩国	2004-09-20	期刊	4	402

<그림 28> 정성굉(郑成宏)의 한국 관련 주요 연구 성과

서옥란(徐玉蘭)은 연변대학 조선-한국어학원 소속 교수로 미디어학,
매체이론, 대중문화, 광고학 이론 등을 전공하고 있다. <韓國媒体中的
中國國家形象——以 ≪朝鮮日報≫ 爲例>, ≪新聞愛好者≫(2010: 21)
외 다수의 한국 문화 및 매체 관련 연구 성과를 내고 있다. 피인용 횟
수가 가장 높은 상기 연구는 한국의 조선일보가 만들어 낸 중국의 국
가 이미지, 한중 교류와 올림픽 등 문제에 대해 심도 있는 토론과 분석
을 진행했다.

	题名	作者	来源	发表时间	数据库	被引	下载
1	韩国媒体中的中国国家形象——以《朝鲜日报》为例	徐玉兰	新闻爱好者	2010-11-10	期刊	12	807
2	媒体与权力的博弈——从朴槿惠弹劾案报道看韩国媒体生态现状	徐玉兰	新闻记者	2017-06-05	期刊	2	625
3	抗战时期中国报纸中体现的韩国形象——以对《大公报》的内容分析为例	徐玉兰;金花	新闻爱好者	2012-12-25	期刊	2	192
4	韩国中小学传统文化教育及其对中国的启示	徐玉兰	第十五届中国韩国学国际研讨会论文集·哲学社会经济卷（韩国研究丛书之五十九）	2014-10-17	国际会议	2	120
5	韩国媒体在萨德事件中的"社论框架"分析	徐玉兰;金或海	延边大学学报(社会科学版)	2018-03-20	期刊	1	193
6	图们江论坛2018年会议综述	徐玉兰	东疆学刊	2019-01-15	期刊		66
7	机遇与挑战:中韩交流的过去与未来——第十九届中国韩国学国际学术大会综述	徐玉兰	当代韩国	2018-09-25	期刊		184

<그림 29> 서옥란(徐玉兰)의 한국 관련 주요 연구 성과

3. 주요 학술기관

소속기관은 중국 미디어대학 방송 신문학원(中國傳媒大學電視与新聞學院), 복단대학 신문학원(夏旦大學新聞學院), 길림 경찰학원(吉林警察學院), 중국 사회과학원 문헌정보 센터(中國社會科學院文獻信息中心), 호남사범대학 신문 미디어 학원(湖南師范大學新聞与傳播學院), 중경대학 신문학원(重慶大學新聞學院), 절강 월수외국어 학원(浙江越秀外國語學院), 산동대학 역사문화 학원(山東大學歷史文化學院), 북경대학 신문 미디어 학원(北京大學新聞与傳播學院), 중국 인민대학 신문학원(中國人民大學新聞學院) 등이다.

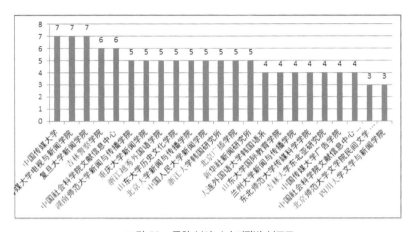

<그림 30> 문화 분야 소속기관별 분포도

중국 미디어대학 방송 신문학원(中國傳媒大學電視与新聞學院)은 방송학과(電視系), 신문학과(新聞系), 미디어학과(傳播系)로 구성되었고, 방송학과의 전신은 방송신문 촬영 전공(電視新聞攝影專業)이었는데 1980년 방송학과로 독립했다. 그 후 1997년에 방송학원(대학)을 설립했으나 2005년에 다시 방송학과로 복귀했다. 방송학과는 중국에서 역사가 가장 오래되었고 가장 지명도가 높은 전문교육기관으로 중국의 방송교육 발전을 이끌고 있다.

<그림 31> 중국 미디어대학 방송 신문학원(中国传媒大学电视与新闻学院)

복단대학 신문학원(夏旦大學新聞學院)의 전신은 복단대학 신문학과 (新聞系)로 1929년 9월에 설립되었고, 중국에서 가장 역사가 오래되고 국내외에 잘 알려진 신문 미디어 교육기관이다. 풍부한 도서자료와 일류 학과와 연구 인프라를 갖추고 있다.

<그림 32> 복단대학 신문학원(复旦大学新闻学院)

호남사범대학 신문 미디어 학원(湖南師范大學新聞与傳播學院): 호남사범대학은 중국 국가 '211공정' 중점 대학이다.[32] 1992년 신문학 전공을 설립하고 2001년 3월 호남성에서 처음으로 신문 미디어 학원을 설립했다. 2000년대 들어서 석사반과 박사반을 설치하는 등 호남성의 대표적인 신문방송 관련 학과로 성장하고 있다.

이 밖에 중국 사회과학원 문헌정보 센터(中國社會科學院文獻信息中心)는 사회 분야에서와 마찬가지로 문화 분야에서도 가장 중요한 연구기관의 하나로 확인되었다.

---

32) '211공정'이란 1990년대 중국 내 일류대학들을 세계적인 유명 대학 수준으로 건설하자는 의미에서 시작된 정부주도 프로젝트이다. 21세기에는 일류대학 100개를 건설한다는 목표를 가지고 출발했다.

4. 주요 학술지

학술지로는 ≪당대한국(当代韓國)≫, ≪신문연구도간(新聞研究導刊)≫, ≪청년기자(青年記者)≫, ≪뉴스미디어(新聞傳播)≫, ≪대중매체(今傳媒)≫, ≪서부방송(西部广播電視)≫, ≪위성TV 및 광대역 멀티미디어 (衛星電視与寬帶多媒体)≫, ≪국제신문계(國際新聞界)≫ 등으로 나타 났다.[33]

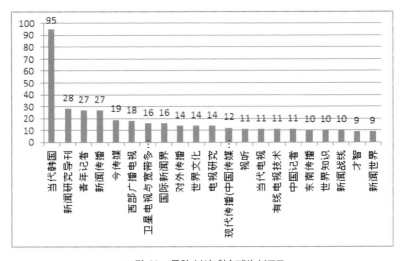

<그림 33> 문화 분야 학술지별 분포도

≪당대한국(当代韓國)≫의 경우 사회 분야에서와 마찬가지로 문화 분 야에서도 가장 많은 연구를 생산하고 있는 전문 학술지로 확인되었다. ≪신문연구도간(新聞研究導刊)≫의 영문 명칭은 Journal of News

---

33) 한자 독음으로 뜻을 가늠할 수 있는 경우는 독음으로 표기했고, 한자 독음만으로는 뜻을 가늠하기 어려운 중국어의 경우는 번역하였음.

Research로 중경일보가 발간하는 반월간 학술지이며, 신문과 미디어 전문 학술지로 2010년에 창간하여 지금까지 약 29,132편의 논문을 게재하고 있다. 그림에서 확인할 수 있는 바와 같이 주로 매체, 미디어 관련 연구 성과를 제공하고 있다.

<그림 34> ≪新闻研究导刊≫

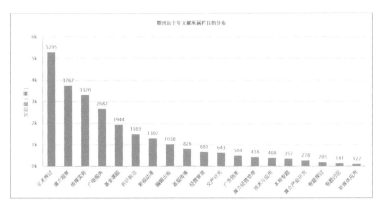

<그림 35> ≪新闻研究导刊≫ 최근 10년간 출판 분야

≪청년기자(靑年記者)≫의 영문 명칭은 Youth Journalist로 대중일보 사(大衆日報社), 산동성 신문협회(山東省新聞工作者協)와 산동성 신문 학회(山東省新聞學會)가 연합 주관하여, 월 3회(旬刊) 발간하는 학술 지로, 1941년 창간하여 지금까지 약 37,773편의 논문을 게재하고 있다. 북경대학의 ≪中文核心期刊要目總覽≫에 수록된 중요 학술지이다. 아래 그림에서 확인할 수 있는 바와 같이 주로 매체, 미디어 관련 연구 성과를 제공하고 있다.

<그림 36> ≪청년기자(靑年记者)≫

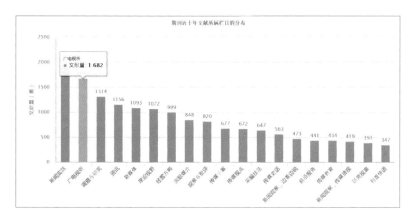

<그림 37> ≪青年记者≫ 최근 10년간 출판 분야

제4절 교육 분야의 거시 지형도

본서의 교육 분야 분석에는 데이터베이스(CNKI)의 중분류에서 교육 이론 및 교육관리(教育理論与教育管理), 학령전교육(學前教育), 초등교육(初等教育), 중등교육(中等教育), 고등교육(高等教育), 직업교육(職業教育), 성인교육 및 특수교육(成人教育与特殊教育)을 포함하였다.

1. 연도별 논문 발표 분포

아래는 교육 분야의 연도별 논문 발표 분포도이다. 교육 분야는 앞의 사회 분야나 문화 분야와는 다르게 1950년대부터 조선에 대한 관심이 있어 왔다. 논문 발표 수도 비교적 많아서 최소한 교육 분야에서는 조선에 대한 관심이 적지 않았다는 사실을 확인할 수가 있다. 이뿐만 아니라, 다른 분야와 마찬가지로, 한중수교 이후부터는 훨씬 많은 수의 논문들이 생산되었고 지속적으로 성장하고 있는 추세이다. 즉 수교 이전이나 수교 이후 모두 교육 분야에 대한 관심은 적지 않았다는 사실을 확인할 수 있다.

비교적 특이한 점은, 다른 분야와는 달리, 교육 분야에서는 한중수교를 분기점으로 북한에 대한 관심과 연구에서 한국에 대한 관심과 연구로 확연히 이동했다는 점이다. 1992년 한중수교 이전에는, <조선 교육 시찰단의 중국방문(朝鮮教育考察團來我國訪問)>; <조선민주주의인민공화국의 학교교육제도(朝鮮民主主義人民共和國的學校教育制度)>; <조선교육의 몇 가지 방침 정책과 조치(朝鮮教育的几項方針政策和措施)>; <조선 초중등학교 교사의 재직훈련(朝鮮中小學教師的在職培訓)>; <전후 조선 중등교육 구조의 변화(戰后朝鮮中等教育結构的演變)>; <조선 평안북도 교육시찰 견문(朝鮮平安北道教育考察見聞)>; <조선 고등학교 관리(朝鮮高等學校管理)>; <조선민주주의인민공화국의 교육(朝鮮民主主義人民共和國的教育)>; <직업고등교육의 대대적 발전을 위한 첩경-조선의 공장 대학과 공장 전문고등학교의 예(大力發展職工高等教育的好途徑——談朝鮮的工厂大學和工厂高等專科學校)>; <조선의 성인교육-일학습 병행의 교육체계(朝鮮的業余教育——邊工作邊學習的教育体系)>; <조선의 대학원교육(朝鮮的研究生教育)>; <조선의 인재육성을 위한 몇 가지 조치(朝鮮愛惜, 培育人才的几項措施)>; <조선의 아동 소양 교육(朝鮮的儿童品德教育)>; <발전된 조선의 성인교육 사업(蓬勃發展的朝鮮成人教育事業)> 등 북한의 교육 상황에 대한 관심이 지대했으며, 중국과 북한과의 교육 관련 교류 또한 매우 활발했음도 확인할 수 있다.

그러나 1992년 한중수교 이후에는 이러한 관심이 '한국'으로 이동한다. <한국의 건국대학(韓國的建國大學)>; <한국 고등교육 개황 및 근

십 년간의 변화(韓國高等教育概況与近十年的變化)>; <21세기를 향한 한국 교육발전 전략 구상(韓國面向21世紀的教育發展戰略构想)>; <한국 고등교육 발전전략 및 조치(韓國高等教育發展戰略及措施)>; <한국의 특수교육(韓國的特殊教育)>; <한국 초중등 학교장의 임용과 육성(韓國中小學校長的任用与培訓)>; <한국 교육대학 발전의 역사 및 추세-한국초등교원 육성제도 연구를 겸하여(韓國教育大學發展的歷史現狀及趨勢——兼談韓國初等教員培養制度)>; <홍콩, 대만, 싱가포르, 한국 교육행정체제 연구(港台地區和新加坡韓國教育行政体制探討)> 등 한중수교 당시인 1992년 발표되었던 논문 제목을 통해 중국 지식계의 관심이 한국으로 확실히 이동했음을 확인할 수 있다. 물론 조선으로 표현된 북한에 대한 관심이 아주 사라진 것은 아니나, 확실히 한국에 대한 관심이 지배적임을 확인할 수 있다.

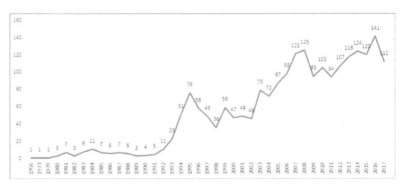

<그림 38> 교육 분야 1956-2017년 연도별 분포도

2. 주요 연구자

다음으로는 빈도분석을 통해, 어떤 연구자와 학술기관, 학술지가 한국의 '교육 분야' 연구를 가장 중점적으로 생산했는가를 분석했다. 교육 분야에서 가장 많은 연구를 진행한 연구자로는 손계림(孫啓林), 장뢰생(張雷生), 이수산(李水山), 강영민(姜英敏), 오연희(吳蓮姬), 색풍(索丰), 양영화(梁榮華), 왕영빈(王英斌), 담비(譚菲) 등을 들 수 있는데, 이 중에서 오연희(吳蓮姬), 왕영빈(王英斌)은 사회 분야에서도 두각을 나타낸 연구자이다.

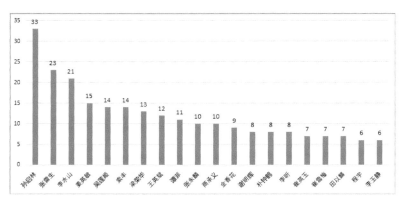

<그림 39> 교육 분야 1992년부터 저자별 분포도

손계림(孫啓林)은 동북사범대 국제 및 비교 교육연구소(東北師大國際与比較敎育硏究所) 연구원으로, <21세기를 향한 한국 기초교육 과정 개혁-한국 제7차 교육과정 개혁 평가분석(面向21世紀的韓國基础敎育課程改革─韓國第七次敎育課程改革評析)>, ≪外國敎育硏究(Studies In Foreign Education)≫(2001: 02)을 필두로 다수의 한국 교육 관련 논

문을 발표하고 있다. 상기 논문은 한국의 제7차 교육과정 개혁의 배경, 각급 학교교육의 목표, 인재 양성의 특징 등을 분석하여, 중국 교육정책의 시사점으로 삼고자 했다.

	題名	作者	來源	发表时间	数据库	被引	下载
□1	面向21世纪的韩国基础教育课程改革——韩国第七次教育课程改革评析	孙启林; 杨金成	外国教育研究	2001-04-30	期刊	43	781
□2	韩国的农村教育	孙启林	中国民族教育	2004-08-10	期刊	39	433
□3	韩国基础教育信息化最新进展述评	汪英玉; 孙启林; 潘云琦	中国电化教育	2007-01-10	期刊	35	1018
□4	韩国农村小规模学校合并政策实施效果及对策研究	韩春花; 孙启林	外国教育研究	2010-11-20	期刊	29	949
□5	韩国基础教育信息化政策研究	汪英玉; 孙启林; 陶莹	中国电化教育	2011-06-10	期刊	28	1481
□6	韩国教师资格证书制度及其对中国的启示	金铁洙; 孙启林	外国教育研究	2006-05-20	期刊	25	1006
□7	韩国中小学道德教育理论与实践评析——兼谈对我国中小学道德教育的启示	孙启林; 梁荣华	外国教育研究	2005-03-20	期刊	14	712
□8	韩国教师培训机构评价的现状与展望	金春花; 孙启林	外国教育研究	2012-02-20	期刊	10	673

<그림 40> 손계림(孙启林)의 한국 관련 주요 연구 성과

장뢰생(張雷生) 역시 교육 관련 전문 연구자이다. 연세대학 교육과학연구소에 있다가 현재는 길림대학 고등교육연구소(吉林大學 高等教育研究所)에 재직하고 있다. <한국 고등교육 정책 개혁의 최신 동향(韓國高等教育政策改革最新動向)>, ≪現代教育管理(Modern Education Management)≫(2010: 08)를 대표 저작으로 다수의 한국 교육 관련 연구논문을 발표하고 있다. 상기 논문은 한국 고등교육의 최신 정책의 경제 사회적 영향을 분석하는 동시에 최근의 맹목적 규모 확대와 발전속도가 미치는 부정적 영향 역시 적절히 지적하고 있다.

□	题名	作者	来源	发表时间	数据库	被引	下载
□1	韩国高等教育政策改革最新动向	张雷生	现代教育管理	2010-08-15	期刊	15	528
□2	中韩两国教育交流与合作述评(1992~2012)	张雷生;吴玉梅;刘韬	韩国教育研究	2012-08-20	期刊	13	645
□3	韩国的世界高水平大学建设研究	张雷生;文萍	江苏高教	2013-03-05	期刊	10	352
□4	韩国高水平大学研究生教育质量保障体系研究	张雷生;肖海	学位与研究生教育	2010-12-15	期刊	8	515
□5	韩国新政府教育改革施政纲要	张雷生	比较教育研究	2008-06-10	期刊	6	186
□6	韩国中小学教师评价制度研究	张雷生;李瑞琚	经济教育信息	2011-03-06	期刊	5	127
□7	关于韩国高中多样化办学政策的研究	张雷生	韩国教育研究	2016-07-20	期刊	4	411
□8	韩国世界一流大学建设项目评价指标体系研究	张雷生;吴科君	国家教育行政学院学报	2016-08-15	期刊	4	737
□9	关于韩国高等教育"学分银行制"的研究	张雷生	高教研究与实践	2015-03-25	期刊	4	170
□10	韩国高等教育国际化办学战略政策述评——基于对"留学韩国计划"政策文本的解读分析	张雷生	高校教育管理	2015-01-08 16:58	期刊	3	575
□11				2014-07-30	期刊		

<그림 41> 장뢰생(张雷生)의 한국 관련 주요 연구 성과

이수산(李水山)은 중국 교육부 중앙교육과학 연구소 연구원으로, <한국 새마을운동의 농촌 경제발전에 대한 영향(韓國新村運動對農村經濟發展的影響)> ≪当代韓國(Contemporary Korea)≫(2001: 02)을 비롯하여 다수의 한국 관련 연구 성과를 발표하고 있다. 특히 이수산은 한국의 새마을운동과 관련한 농민교육에 관심을 집중시키고 있어 다른 연구자와 구별된다.

□	题名	作者	来源	发表时间	数据库	被引	下载
□1	韩国新村运动与农村经济发展的影响	李水山	当代韩国	2001-05-20	期刊	93	685
□2	韩国的新村运动	李水山	中国改革(农村版)	2004-04-01	期刊	80	470
□3	韩国新乡村运动	李水山	小城镇建设	2005-08-07	期刊	52	506
□4	新时期韩国农民教育的特征和发展趋势	李水山	职业论坛	2005-06-25	期刊	44	310
□5	韩国新村运动30年	李水山	中国国情国力	2006-03-07	期刊	31	282
□6	韩国中小学教师的职前培养和在职培训	李水山;福岛裕;金泽山	西南农业教育	2004-12-20	期刊	30	411
□7	韩国新村运动的核心——新村教育	李水山;吴长春;李妮	教育与职业	2006-01-21	期刊	27	489
□8	韩国新村运动:对环境亲和型农业及新农村建设的借鉴	李水山	农业环境与发展	2006-04-25	期刊	26	400
□9	韩国新村运动的背景、社会特征及其启示	李水山	职业技术教育	2007-01-01	期刊	23	285
□10	韩国的新村运动	李水山	中国农村经济	1996-05-25	期刊	23	248
□11			沈阳农业大学学报				

<그림 42> 이수산(李水山)의 한국 관련 주요 연구 성과

3. 주요 학술기관

교육 분야의 주요 저술자가 소속된 주요기관 중 동북사범대학 국제 및 비교 교육연구소(東北師范大學國際与比較教育硏究所), 연변대학 사범학원(延邊大學師范學院), 북경사범대학 국제 및 비교 교육연구원 (北京師范大學國際与比較教育硏究院), 절강대학 교육학원(浙江大學教 育學院), 중국 주한국대사관 교육처(中國駐韓國大使館教育處), 길림대 학 고등교육 연구소(吉林大學高等教育硏究所), 중앙 교육과학 연구소 (中央教育科學硏究所) 등의 연구 성과가 두드러지게 많이 나타났다.

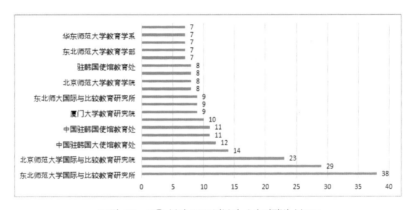

<그림 43> 교육 분야 1992년부터 소속기관별 분포도

그중 동북사범대학 국제 및 비교 교육연구소(東北師范大學國際与比 較教育硏究所)는 1964년에 설립된 일본 교육실과 조선 교육연구실이 발전되어 설립된 것이다. 1975년 학교의 기타 외국문제연구기관과 합 병하여 외국문제연구소를 설립했고, 그 후 여러 번의 합병과 변경을 거 쳐 1990년 국제 및 비교 교육 연구소로 설치되었다. 산하에 일본 교육,

조선/한국 교육, 러시아 교육, 교육제도 및 교육사조 비교, 기초 교육 비교, 교사 교육 비교 등 연구실을 갖추고 있다.

연변대학 사범학원(延邊大學師范學院)의 영문 명칭은 Normal College of Yanbian University이며, 1958년 설립된 연변대학 역사에서 가장 오래된 학원(단과대학) 중의 하나로, 중등학교 교육과 교육연구자 및 민족문화 교육에 종사하는 고급 전문 인재를 양성하는 학술기관이다. 또한 중국 조선족 및 연변 지역 연구자들이 민족교육과 연구를 진행하는 핵심 연구기관이다. 산하에 연변대학 조선족 교육 연구소(延邊大學朝鮮族教育研究所), 연변대학 심리상담 연구센터(延邊大學心理咨詢研究中心), 표준어 측정센터(普通話測試中心), 연변대학 대학생 심리건강 교육센터(延邊大學大學生心理健康教育中心) 등을 두고 있다.

북경사범대학 국제 및 비교 교육연구원(北京師范大學國際与比較教育研究院)은 외국교육 연구실을 기초로 1979년에 설치되었다. 1995년에 국제 및 비교 교육 연구소로, 2009년에는 국제 및 비교 교육 연구원으로 개명하여 지금에 이르고 있다. 현재 중국에서 가장 최초로 설립되었고 규모와 영향이 가장 큰 비교 교육 연구기관 중의 하나다.

4. 주요 학술지

대표적 학술지로는 《세계교육정보(世界教育信息)》, 《당대한국(当代韓國)》, 《비교교육연구(比較教育研究)》, 《외국교육연구(外國教育研究)》, 《외국 초중등교육(外國中小學教育)》, 《기초교육참고(基础教育參考)》, 《직업기술교육(職業技術教育)》, 《세계지식(世界知識)》, 《직업교육논단(職教論壇)》 등을 들 수 있다. 교육 분야에서도

≪당대한국(当代韓國)≫은 가장 많은 연구 성과를 생산하고 있는 학술지로 확인되었다. 따라서 일단 빈도분석에서 나타난 가장 중요한 학술지로서 ≪당대한국(当代韓國)≫을 꼽을 수 있겠다. 물론 ≪당대한국(当代韓國)≫이 학술적 영향력을 가장 많이 지니고 있는지는 다음 장에서 진행될 미시적 분석을 통해 재확인할 것이다.

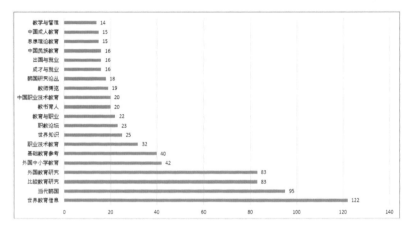

<그림 44> 교육 분야 1992년부터 학술지별 분포도

≪세계교육정보(世界敎育信息)≫의 영문 명칭은 Journal of World Education이며, 중국 교육부 교육관리 정보센터(敎育部敎育管理信息中心)가 반월간으로 발행하는 학술지이다. 1987년 창간된 이래 지금까지 약 12,557편의 연구 성과물을 게재하고 있다. 최근 10년간 게재 논문의 분야를 살펴보면, 기초교육, 고등교육, 국제화 교육 등 주로 교육 관련 논문을 제공하고 있다.

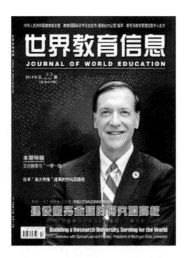

<그림 45> ≪세계교육정보(世界教育信息)≫

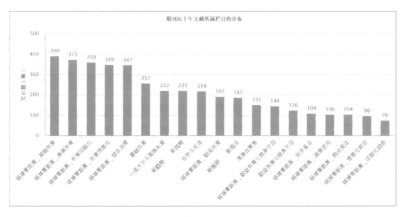

<그림 46> ≪世界教育信息≫ 최근 10년간 게재 논문 분야

≪비교교육연구(比較教育研究)≫의 영문 명칭은 International and Comparative Education이고, 북경사범대학이 1965년에 창간한 월간 학술지이다. 현재까지 약 7,332편의 논문이 게재되었으며, CSSCI 및 북경

대학 ≪中文核心期刊要目總覽≫에 수록된 저명 학술지이다. 아래 그림에서도 확인할 수 있듯이 최근 10년간 게재 논문의 분야를 살펴보면, 국제교육, 고등교육, 교육사상 등 주로 교육 관련 논문을 제공하고 있다.

<그림 47> ≪비교교육연구(比較教育研究)≫

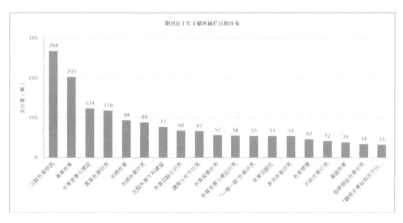

<그림 48> ≪比較教育研究≫의 최근 10년간 게재 논문 분야

≪외국교육연구(外國敎育硏究)≫의 영문 명칭은 Studies in Foreign Education이며, 한국 관련 연구가 다수 게재된 주요 학술지 중 하나이다. 동북사범대학에서 1974년 창간한 월간 학술지로서, 현재까지 약 4,932편의 논문을 게재하고 있다. CSSCI 및 북경대학 ≪中文核心期刊要目總覽≫에 수록된 저명 학술지이다. 아래 최근 10년간 게재 논문의 분야를 살펴보면, ≪외국교육연구(外國敎育硏究)≫ 역시 고등교육, 기초교육, 교사교육 등 주로 교육 관련 논문을 제공하고 있음을 확인할 수 있다.

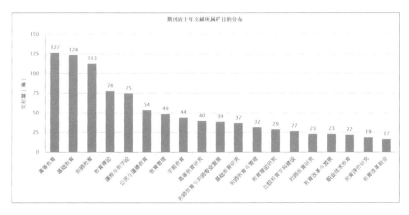

<그림 49> ≪外国敎育硏究≫의 최근 10년간 게재 논문 분야

제3장

중국의 한국학 미시
지형도-지식 구조 분석

제1절 사회 분야 지식 구조

중국대륙의 사회·문화 분야는 사회, 문화, 교육 분야로 재분류했다. 여기 제1절에서는 우선 사회 분야의 키워드 빈도, 동시 출현 분포, 연결망 분포와 군집 분포에 대한 분석을 통해 오피니언 리더 그룹을 찾아내는 작업을 진행했다.

1. 키워드 빈도분석

본 연구의 목적은 키워드 연결망 분석 결과를 토대로 한 중화권 '사회문화' 분야의 지식지형도를 파악하는 데 있으므로, 연결망 분석 프로그램을 이용해 '사회문화' 키워드의 빈도분석을 진행했다. 특히 아래는 그중에서도 '사회 분야'에 국한하여 키워드 빈도분석을 진행했다. 이뿐만 아니라 이 빈도분석에 의한 분포도는 상위 20%에 해당하는 키워드[34]를 대상으로 한 분포도임을 밝혀둔다.

사회 분야의 키워드 출현 빈도분석 결과를 보면, '한국(韓國)'이라는 키워드가 270개로 가장 많았고, '중화인민공화국(中華人民共和國)' 22개, '기업경영(企業管理)' 19개, '기업(企業)' 19개, '한국인(韓國人)' 18개, '조선(朝鮮)' 18개, '경제(經濟)' 17개, '일본(日本)' 14개, '인구노령화(人口老齡化)' 11개, '아시아(亞洲)' 11개, '시사점(啓示)' 9개, '조선반도(朝鮮半島)' 9개 순으로 나타났다. 상위를 차지하는 키워드 집단은 '중화인민공화국', '조선', '일본', '조선반도', '아시아' 등 지역을 나타내는 키워드 집단과 '기업경영', '경제', '노령화' 등 주제를 나타내는 키워드 집단으로 구분되어 나타나는데, 특이하게도 '시사점(啓示)'이라는 키워드 역시 상위에 분포하고 있음을 확인할 수 있다. 키워드 빈도분석을 통해 볼 때, 경제 경영 분야가 아닌 사회 분야에서도 경제 경영, 특히 기업 관리 관련 주제에 비교적 많은 관심을 갖고 있는 것으로 확인된다. 이는 아마도 기업 관리 중 인재 양성에 관심을 많이 갖고 있기 때문인 것으로 판단된다. 또한 관심 대상 지역은 한국에 국한된 것이 아니라 아시아, 일본 및 중화인민공화국까지도 관심의 대상인 것으로 파악된다. 이와 더불어 '시사점'이라는 키워드가 많이 출현하는 것을 미루어 볼 때, 한국 혹은 일본 등 아시아 국가의 기업 관리 방식(인재 양성 방식)을 중국의 시사점으로 삼고자 하는 현실적 필요에서 출발하여 관련 연구가 많이 출현했다고 해석할 수 있다.

---

34) 관련 연구에 따르면, 지식 생산과 확산 과정에 20:80법칙이라는 '좁은 세상 네트워크' 구조가 존재한다(로저스, 2005; 김용학 외, 2008). 본 연구의 키워드 추출 결과, 전체 키워드 중 소수의 키워드 비율이 전체 80% 이상의 키워드 비율을 차지하는 이른바 좁은 세상의 구조적 특징을 보였다. 따라서 본 연구에서도 상위 20% 키워드를 중심으로 정리해서 관련 분석을 진행했다.

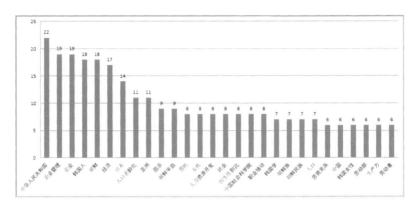

<그림 50> 사회 분야 키워드 분포도('한국' 키워드 270번 제외)

2. 키워드 동시 출현 분포 분석

지식지형도를 살펴보기 위해서는 키워드 간 동시 출현 횟수, 즉 관계속성 데이터를 분석해야 한다. 동시 출현 횟수가 많은 상위 키워드 간 어떤 관계가 형성되어 있는지를 통해 중국의 한국학 전체 지식지형도를 파악하는 작업이다. 연결망 분석 프로그램을 통해 키워드 간 상호 연결(링크) 수가 많은 순으로 그 상위 분포도를 분석해 보면 아래 <표 5>와 같다.

<표 5> 사회 분야 키워드 동시 출현 분포도

키워드 1	키워드 2	동시 출현 횟수
企業	企業管理	19
韓國	企業	17
韓國	企業管理	17
中華人民共和國	韓國	16
韓國	經濟	16
日本	韓國	11
職業培訓	韓國	8

韓國	中國社會科學院	8
韓國	就業	8
韓國	人口老齡化	8
韓國	人口	7
韓國	人力資源開發	7
韓國	女性	7
韓國	男性	7
韓國	亞洲	6
韓國	勞動者	6
韓國	生産力	6
韓國	勞動部	6
韓國	中國	6
韓國	啓示	6
勞動者	生産力	6
韓國	總和生育率	5
韓國	德國	5
韓國	老人	5
韓國	出生性別比	5
女性	男性	5
韓國	公團	4
韓國	會議	4
韓國	産業	4
韓國	外籍勞工	4

　　동시 출현 횟수 분포도를 살펴보면, '기업(企業)'-'기업경영(企業管理)' 19번, '한국(韓國)'-'기업(企業)' 17번, '한국(韓國)'-'기업경영(企業管理)' 17번, '중화인민공화국(中華人民共和國)'-'한국(韓國)' 16번, '한국(韓國)'-'경제(經濟)' 16번, '일본(日本)'-'한국(韓國)' 11번, '직업훈련(職業培訓)'-'한국(韓國)' 8번, '한국(韓國)'-'중국사회과학원(中國社會科學院)' 8번, '한국(韓國)'-'취업(就業)' 8번, '한국(韓國)'-'인구노령화(人口老齡化)' 8번 등의 순으로 나타났다.

　　동시 출현 횟수와 개별 키워드 출현 빈도수는 반드시 일치하지는 않는다. 개별 키워드로는 빈도수가 높을지라도 동시 출현 횟수는 많지 않을 수 있다는 것이다. 이는 관계속성과 개별속성의 차이가 있기 때문일 것이다. 사회 분야 키워드 분석에서도 이와 같은 불일치 현상이 확인되었다. 예컨대, 상기 개별 키워드 분석도의 '한국(韓國)'이라는 키워드는 총 270회 등장했지만, '한국(韓國)'과 '기업(企業)'이라는 키워드의 동시 출현 횟수는 17번에 불과했다. 특히 주목할 부분은 개별 키워드 분포도에서 상위 3-4위를 차지하고 있는 '기업(企業)'과 '기업경영(企業管理)'이라는 키워드가 동시 출현 빈도분포에서는 1위를 차지한다는 점이다. 이와 같이 동시 출현 횟수와 개별 키워드 출현 횟수는 일치하지 않을 수 있는데, 중요도를 고려한다면 관계속성을 보여주는 동시 출현 횟수에 보다 큰 의미를 부여해야 할 것으로 판단된다.

키워드 간 동시 출현 횟수 분포도를 통해 볼 때, 중국의 한국 연구 지식계에서는 한국과 일본을 포함한 아시아 국가의 '기업', '기업경영', '직업훈련' 등의 경험에서 '시사점'을 찾아 '중화인민공화국'에 적용하고자 하는 연구가 비교적 활발하게 생산되고 있음을 짐작할 수 있다. 이는 중국이 개혁개방을 하면서 시장경제를 빠른 시일 안에 정착시키고자 주변 국가의 경제성장 경험을 학습하고자 하는 범국가적 의도가 충실히 반영된 결과로 해석된다.

3. 키워드 연결망 분석

이상에서 진행된 키워드 동시 출현 횟수라는 관계적 속성 데이터를 통한 의미 구조 분석은 다음의 상위 키워드 연결망 분석과 도식화를 통해서 더욱더 명확히 확인할 수 있다. 링크 수 상위 3%에 해당하는 키워드 연결망 분석도는 다음과 같다.[35)]

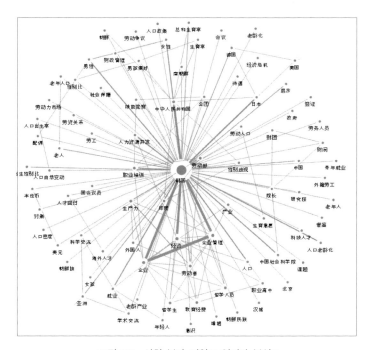

<그림 51> 사회 분야 키워드 연결망 분석도

---

35) 본 연구는 중국에서 형성된 중국의 한국학 지식 구조, 특히 사회문화 분야의 지식 구조를 파악하는 데 그 목적이 있다. 따라서 사회문화 분야의 키워드 가운데 키워드 간 링크 수가 많은 키워드의 지식 구조를 분석하기 위해 넷마이너 분석프로그램의 '링크 리덕션(link reduction)' 기능을 활용했다. 즉 링크 수가 많지 않은 키워드의 링크 수를 줄여 나갔고, 그 결과 상위 3% 링크 수로 설정하는 것이 전체 키워드 연결망을 가장 명확히 도식화할 수 있었다.

<그림 51>은 연결 정도 중심성 값을 토대로 작성된 상위 키워드 연결망 분석도이다. 연결망 분석도 내에 있는 원의 크기는 개별 키워드 빈도수와 반드시 일치하지는 않는다. 원의 크기는 빈도수에 의해서 형성되는 것이 아니라, 상호 연결 정도의 다소에 따라 결정된다. 즉 상호 연결 정도가 높은 키워드일수록 큰 원으로 표시된다. <그림 51>을 통해 볼 때, 연결 정도가 가장 높은 키워드는 '한국(韓國)', '기업(企業)', '기업경영(企業管理)', '중화인민공화국(中華人民共和國)', '경제(經濟)', '일본(日本)', '직업훈련(職業培訓)', '인력자원개발(人力資源開發)', '노동부(勞動部)' 등임을 확인할 수 있다.

또한 이들 키워드 간 동시 출현 횟수가 많을수록 그 연결선이 굵게 표시된다. 키워드 간 링크 수는 키워드 관계속성 값으로 동시 출현 횟수를 의미한다. 예를 들면, 그 연결선이 비교적 굵게 표시된 것은 '기업(企業)'과 '기업경영(企業管理)'이라는 키워드로 19번 동시 출현한 것이다. 다음으로 '한국(韓國)'과 '기업(企業)'으로 동시 출현 횟수가 17번, '한국(韓國)'과 '기업경영(企業管理)' 역시 동시 출현 횟수가 17번, '중화인민공화국(中華人民共和國)'과 '한국(韓國)'은 동시 출현 횟수가 16번인 키워드 조합이다.

키워드 간 연결 정도가 높다는 것은 해당 주제와 관련된 지식이 많이 생산되었다는 것을 의미한다. 즉 사회 분야에서는 '한국(韓國)', '기업(企業)', '기업경영(企業管理)'과 관련된 지식이 가장 활발하게 생산되었다는 것을 의미한다.

4. 군집분포 분석

군집분포에 대한 분석은 동시 출현이나 연결망 분석에 더해 보다 더 구체적인 정보를 제공할 수 있다. 이상에서 추출된 주제들에 대해 보다 구체적인 지식 구조 분석과 그 의미 도출을 위해 세 개 이상의 키워드로 구성된 키워드 군집을 측정하는 클릭(Clique)분석을 진행했다. 이상의 키워드들이 상호 어떻게 지식 구조를 형성하고 있는지를 도출한 것이다.

<표 6> 사회 분야 키워드 군집 분포도

키워드 군집	값
韓國,經濟,企業,企業管理,留學生,留學人員	6.804
韓國,勞動者,生産力,勞動部,外國人	6.236
韓國,勞動者,生産力,企業管理,企業	5.606
韓國,經濟,企業,企業管理,敎育經費	5.441
韓國,財團,財閥,院長	5.271
韓國,學術交流,亞洲,科學交流	5.271
韓國,職業培訓,技能競賽,公團	5.091
韓國,中華人民共和國,性別歧視,印度	5.034
韓國,中華人民共和國,生育率,男孩偏好	4.978
韓國,職業培訓,技能競賽,勞動部	4.923
韓國,經濟,職業高中,敎育經費	4.817
韓國,産業,企業,企業管理	4.571
韓國,職業培訓,企業,企業管理	4.436
韓國,老人,老年人口	3.988
韓國,人才回歸,海外人才	3.988
韓國,美元,本位幣	3.988
韓國,人口出生率,人口自然變動	3.988
韓國,勞動人口,生育意愿	3.988
韓國,配偶,男性	3.942
韓國,女性,男性	3.942

<표 6>의 사회 분야 키워드 군집 분포도를 살펴보면, 크게 세 가지 의미 구조의 키워드 군집을 확인할 수 있다. 군집 값이 높은 순서대로 살펴보면, 우선 한국의 기업과 유학생 및 노동자 관련 키워드 군집이다. 한국(韓國)-경제(經濟)-기업(企業)-기업관리(企業管理)-유학생(留學生)-유학인원(留學人員), 한국(韓國)-노동자(勞動者)-생산력(生産力)-노동부(勞動部)-외국인(外國人), 한국(韓國)-노동자(勞動者)-생산력(生産力)-기업관리(企業管理)-기업(企業), 한국(韓國)-경제(經濟)-기업(企業)-기업관리(企業管理)-교육경비(敎育經費) 등의 군집을 확인할 수 있다.

다음으로는 한국의 직업훈련과 교육 관련 키워드 군집이다. 한국(韓國)-학술교류(學術交流)-아시아(亞洲)-과학교류(科學交流), 한국(韓國)-직업훈련(職業培訓)-기능대회(技能競賽)-공단(公團), 한국(韓國)-직업훈련(職業培訓)-기능대회(技能競賽)-노동부(勞動部), 한국(韓國)-경제(經濟)-직업고등학교(職業高中)-교육경비(敎育經費), 한국(韓國)-산업(産業)-기업(企業)-기업관리(企業管理), 한국(韓國)-직업훈련(職業培訓)-기업(企業)-기업관리(企業管理) 등의 키워드 군집이 그것이다.

세 번째로는 한국의 인구구조와 노령화에 관련한 키워드 군집이다. 한국(韓國)-중화인민공화국(中華人民共和國)-성차별(性別歧視)-인도(印度), 한국(韓國)-중화인민공화국(中華人民共和國)-출산율(生育率)-남아선호(男孩偏好), 한국(韓國)-노인(老人)-노년인구(老年人口), 한국(韓國)-인재귀환(人才回歸)-해외인재(海外人才), 한국(韓國)-인구출생률(人口出生率)-인구자연변동(人口自然變動), 한국(韓國)-노동인구(勞動人口)-출산의사(生育意愿) 등의 키워드 군집을 확인할 수 있다.

즉, 이 세 가지가 사회 분야에서 가장 많은 관심을 갖고 연구를 진행하고 있는 주제인 셈이다.

5. 핵심 주제와 오피니언 리더

사회 분야의 키워드 빈도, 동시 출현 분포, 연결망 분포와 군집 분포에 대한 분석을 종합해 보면, 키워드 빈도의 수위와는 다르게 동시 출현 분포나 연결망 분포, 그리고 군집분포에서 공히 세 가지 군집이 모두 최상위에 분포함을 확인할 수 있었다. 즉 한국의 기업과 기업경영, 유학생 및 노동자 관련 키워드 군집, 직업훈련과 교육 관련 키워드 군집, 한국의 인구구조와 노령화에 관련한 키워드 군집이 사회 분야에서 수위를 차지하는 군집들이다.

이상의 분석 결과를 토대로 사회 분야에서는 다음과 같은 지식 구조와 의미를 도출할 수 있겠다. 첫째, 한국의 기업과 기업경영과 관련하여 특히 한국의 직업훈련과 인재 양성 교육의 경험을 시사점으로 삼아 중국의 개혁개방 추진의 정책 참고를 삼고자 하는 중국 정부의 의지를 적절히 반영하고 있다는 점을 들 수 있다. 실제로 개혁개방 초기에 중국 정부는 한국의 경제발전 경험을 매우 중시하고 이를 학습하여 개혁개방 정책을 성공적으로 추진하고자 했다.

둘째로, 한국의 인구구조와 인구노령화에 대해 관심을 가지고 활발하게 연구를 진행하고 있다는 점을 확인할 수 있다. 중국은 80년대부터 적극적으로 '한 자녀 갖기' 운동을 통한 인구조절 정책을 강하게 시행했기 때문에 그 부정적 영향으로 급속도의 인구노령화를 경험하게 되었다. 따라서 한국의 인구구조와 인구노령화에 대한 한국 정부의 대응 등 선진적 경험을 학습하기 위한 관심과 연구 성과의 축적이 이루어지고 있었다고 확인할 수 있다. 앞서 개별 키워드, 동시 출현 키워드 분포도에서 '시사점(啓示)'이라는 키워드가 상당히 높은 순위에 분포되었다는 사실을 봐도 중국의 지식계가 한국의 경험에서 시사점을 얻고 자 하고 있다는 점은 충분히 확인되는 바이다.

거시적 지형도와는 별도로 미시적 지형도를 확인하는 과정에서, 우 리는 사회 분야의 핵심 주제는 기업경영, 직업훈련, 인재 양성, 노령화 와 인구구조라는 점을 확인할 수 있었다. 또한 사회 분야에서의 오피니 언 리더는 이러한 핵심 주제를 생산하고 주도하며 영향력을 끼치는 논 문과 저자라고 판단한다. 이러한 판단에 따라 핵심 주제에서의 피인용 횟수가 최상위에 위치한 논문들에 대한 내용분석을 진행했다.

한국의 기업경영, 직업훈련, 인재 양성 등과 관련된 주제에서 피인용 횟수가 가장 높은 논문(피인용 횟수 53회)은 류금평(柳金平)의 <한국 의 경험을 통해 본 중국 농민 전문합작사 발전을 위한 교육 육성사업 (從韓國經驗看發展中國農民專業合作社的教育培訓事業)>, ≪世界農業≫ (2008: 3)인데, 중국의 '농민 전문 합작사법(農民專業合作社法)'의 정 식 시행으로 농민합작사가 법제화되고 규범화되는 시점에서 한국의 농 협 발전 현황을 소개하고 교육훈련 사업의 농협 발전에 미친 역할 및 특징을 분석하여 중국 합작사의 발전에 참고가 되도록 하는 정책건의 연구로 확인된다. 류근평(柳金平)은 중국의 농업부 관리간부학원(中國 農業部管理干部學院) 소속으로 농업합작사와 관련된 다수의 논문을 생산하고 있는 연구자이다. 관방의 학자답게 정책건의 논문을 다수 생 산함으로써 농업 관련 학계에서 그 영향력이 상당한 것으로 파악된다. 아래 <그림 52>는 해당 저자의 주요 논문을 보여주는 그림이다. 해당 저자의 논문 중에서도 상기 논문이 가장 많이 인용되고 가장 많이 내 려받기가 된 논문이다.

作者文献

最高被引

[1] 从韩国经验看发展中国农民专业合作社的教育培训事业[J] 柳金平.世界农业 . 2008 (03)

[2] 农民专业合作社税收优惠政策实效及深化[J] 柳金平,何安华.中国农民合作社 . 2010 (09)

最高下载

[1] 从韩国经验看发展中国农民专业合作社的教育培训事业[J]. 柳金平.世界农业 . 2008(03)

[2] 无网点银行扩大农村金融覆盖面的成功经验[J]. 柳金平.世界农业 . 2012(09)

[3] 农民专业合作社税收优惠政策实效及深化[J]. 柳金平,何安华.中国农民合作社 . 2010(09)

[4] 农民专业合作社税收优惠政策的深化[P]. 柳金平. . 2010

发表在期刊上的文献 共 3 条

[1] 无网点银行扩大农村金融覆盖面的成功经验[J]. 柳金平. 世界农业. 2012(09)

[2] 农民专业合作社税收优惠政策实效及深化[J]. 柳金平,何安华. 中国农民合作社. 2010(09)

[3] 从韩国经验看发展中国农民专业合作社的教育培训事业[J]. 柳金平. 世界农业. 2008(03)

<그림 52> 柳金平의 주요 논문

다음으로 피인용 횟수가 높은 논문(피인용 횟수 45회)은 여조광(余祖光), <한국의 직업교육과 직업훈련 관찰 연구(透視韓國職業教育与職業培訓)>, ≪中國職業技術教育≫(2003-02-15)인데, 교육부 직업기술교육센터와 한국의 직업기능개발원의 합작 프로그램에 의해 2002년에 저자가 '한국의 직업교육 훈련반'에 참가하여 한국의 직업교육 발전과 특성에 대해 많은 이해를 했고, 중국의 직업교육과의 비교를 통해 많은 시사점을 얻었다는 내용이다. 저자인 여조광(余祖光)은 중국 교육부 직업교육센터 연구원으로 직업훈련과 교육에 대해 다수의 연구논문을 생산하고 있는 연구자이다. <그림 53>에서 볼 수 있듯이 해당 저자가 생산한 논문은 대부분 직업교육에 대한 연구논문이며, 피인용 횟수가 상당히 높은 논문도 다수 있는 것으로 미루어 볼 때 해당 분야에서

의 영향력이 상당한 연구자인 것으로 판단된다. 이 중 상기 한국 관련 논문 역시 피인용 횟수가 적지 않은 것을 볼 때, 해당 저자의 한국 관련 성과 역시 파급효과가 결코 적지 않다는 점을 확인할 수 있다.

	題名	作者	来源	发表时间	数据库	被引	下载
□1	职业教育校企合作的机制研究	余祖光	中国职业技术教育	2009-02-01	期刊	334	3483
□2	先进工业文化进入职业院校校园的研究	余祖光	职业技术教育	2010-08-01	期刊	65	616
□3	职业教育应以就业为导向	余祖光; 冯大军	职教论坛	2003-07-25	期刊	63	260
□4	职业教育校企合作中工业文化对接的新动向	余祖光	职业技术教育	2011-09-01	期刊	55	1049
□5	我国农村职业教育发展中的问题与解决思路	余祖光	河南职业技术师范学院学报(职业教育版)	2004-10-28	期刊	52	558
□6	把先进工业文化引进职业院校的校园	余祖光	工业技术与职业教育	2010-09-25	期刊	48	372
□7	职业院校文化发展的新动向	余祖光; 李木磊	教育与职业	2005-04-21	期刊	45	216
□8	透视韩国职业教育与职业培训	余祖光	中国职业技术教育	2003-02-15	期刊	45	522
□9	增强职业教育吸引力的问题研究	余祖光; 陈光	中国职业技术教育	2009-12-01	期刊	37	922

<그림 53> 余祖光의 주요 논문

이상의 분석을 통해 볼 때, 핵심 주제에서의 피인용 횟수가 높은 논문과 빈도분석을 통한 주요 저자나 논문은 반드시 일치하지 않을 수 있다. 따라서 각 분야에서 영향력을 갖춘 오피니언 리더를 선정할 때 빈도분석만을 의존해서는 안 되며, 상기와 같이 핵심 주제와 피인용 횟수 상위 논문과 저자 역시 동시에 고려되어야 한다는 점을 강조할 수 있다.

6. 사회분야 거시 지형도와 미시 지형도의 비교

상기 미시 지형도에서 도출된 결과는 제2장의 거시 지형도 빈도분석을 통해 추출된 주요 연구자, 주요 학술기관 및 주요 학술지의 경향과 반드시 일치하지는 않는다. 거시 지형도의 빈도분석을 통해 도출된 주요 연구자는 오연희(吳蓮姬), 왕영빈(王英斌), 손정민(孫正民), 김향(金香), 김영화(金永花) 등인데, 이들이 생산한 연구주제는 한국의 인재 양성, 여성, 노령화, 문화산업, 직업만족도, 외국인노동자 정책, 고용제도, 현지화 관리, 금융위기, 조선족문화, 금기문화 등이다. 그러나 미시 지형도에서 도출한 주요 핵심 주제는 이와 반드시 일치하지는 않는다.

사회 분야의 미시 지형도, 즉 키워드 빈도, 동시 출현 분포, 연결망 분포와 군집 분포에 대한 분석을 종합해 보면, 한국의 기업과 기업경영, 유학생 및 노동자 관련 키워드 군집, 직업훈련과 교육 관련 키워드 군집, 한국의 인구구조와 노령화에 관련한 키워드 군집이 사회 분야에서 수위를 차지하는 군집들이다.

미시 지형도에서 도출된 피인용지수가 높은 오피니언 리더는 류금평(柳金平)과 여조광(余祖光)이며, 이들이 생성하고 있는 핵심 주제는 농업 관련 주제와 직업훈련과 직업교육 주제이다. 이는 상기 거시 지형도 빈도분석에서 도출된 주요 연구자, 주요 연구주제와는 일정 정도 차이가 있음을 확인할 수 있다.

종합하면, 거시 지형도 분석에서 주요 연구자가 생성한 주제는 미시 지형도 분석의 주제 군집과 일치하는 부분과 일치하지 않는 부분이 병존한다. 이는 중국의 한국학에서 영향력과 파급력, 핵심 주제를 생성해 나가는 주요 연구자는 거시적 분석과 미시적 분석이 함께 이루어져야 판별이 가능함을 의미한다.

제2절 문화 분야 지식 구조

제2절에서는 하위분류 중 '문화 분야'의 키워드 빈도, 동시 출현 분포, 연결망 분포와 군집 분포에 대한 분석을 통해 문화 분야 오피니언 리더 그룹을 찾아내는 작업을 진행했다.

1. 키워드 빈도분석

본 연구의 목적은 키워드 연결망 분석 결과를 토대로 한 중화권 '사회문화' 분야의 지식지형도를 파악하는 데 있으므로, 연결망 분석 프로그램을 이용해 '사회문화' 키워드의 빈도분석을 진행했다. 특히 아래는 그중에서도 '문화 분야'에 국한하여 키워드 빈도분석을 진행했다. 그뿐만 아니라 이 빈도분석에 의한 분포도는 상위 20%에 해당하는 키워드를 대상으로 한 분포도임을 밝혀둔다.

문화 분야의 키워드 출현 빈도분석 결과를 보면, '문화산업(文化産

業)’이라는 키워드가 78개로 가장 많았고, ‘한국인(韓國人)’ 67개, ‘예능 프로그램(綜藝節目)’ 66개, ‘한국문화산업(韓國文化産業)’ 47개, ‘중화 인민공화국(中華人民共和國)’ 47개, ‘시사점(啓示)’ 46개, ‘조선(朝鮮)’ 40개, ‘신문잡지(報刊)’ 35개, ‘한국문화(韓國文化)’ 34개, ‘신문(報紙)’ 34개, ‘문화산업발전(文化産業發展)’ 30개, ‘일본(日本)’ 27개, ‘프로그 램(節目)’ 27개 순으로 나타났다. 상위를 차지하는 키워드 집단은 ‘문화 산업’, ‘문화산업발전’, ‘예능프로그램’, ‘한국문화’, ‘신문’ 등 주제를 나 타내는 키워드 집단과 ‘한국’, ‘조선’, ‘일본’, ‘중화인민공화국’ 등 지역 을 나타내는 키워드 집단으로 구분되어 나타나는데, 특이하게도 ‘시사 점(啓示)’이라는 키워드 역시 상위에 분포하고 있음을 확인할 수 있다. 키워드 빈도분석을 통해 볼 때, 문화 분야에서 비교적 많은 관심을 갖 는 주제는 한국의 문화산업인 것으로 볼 수 있으며,[36] 지역은 한국만 이 아니라 아시아, 일본 및 중화인민공화국까지도 관심의 대상인 것으 로 파악된다. 또한 ‘시사점’이라는 키워드가 많이 출현하는 것을 미루 어 볼 때, 한국 혹은 일본 등 아시아 국가의 문화산업의 발전과 특성을 중국 문화산업 발전의 시사점으로 삼고자 하는 연구가 많이 출현했다 고 해석할 수 있다.

---

36) 본 연구의 연구 대상이 사회 분야임에도 경제경영에 관심이 집중되는 이유는 아마도 기업관리 중 인재 양성에 관심을 많이 갖기 때문인 것으로 판단된다.

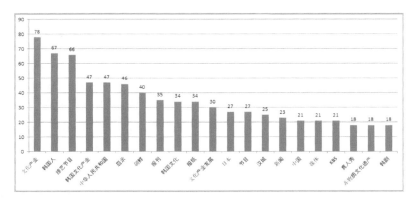

<그림 54> 문화 분야 키워드 분포도('한국' 키워드 632번은 제외)

2. 키워드 동시 출현 분포 분석

지식지형도를 살펴보기 위해서는 키워드 간 동시 출현 횟수, 즉 관계속성 데이터를 분석해야 한다. 동시 출현 횟수가 많은 상위 키워드 간 어떤 관계가 형성되어 있는지를 통해 중국의 한국학 전체 지식지형도를 파악하는 작업이다. 연결망 분석 프로그램을 통해 키워드 간 상호 연결(링크) 수가 많은 순으로 그 상위 분포도를 분석해 보면 아래 <표 7>과 같다.

키워드 1	키워드 2	동시 출현 횟수
韓國	文化産業	55
韓國	綜藝節目	39
報刊	報紙	32
韓國	中華人民共和國	31
韓國	啓示	28
報刊	韓國	26
漢城	韓國	25
韓國	報紙	25
韓國	節目	24
韓國	新聞	20
文化産業	啓示	20
韓國	KBS	19
韓國	日本	18
韓國文化産業	文化産業發展	17
韓國	電信	16
韓國	中國	16
電視	電信	16
韓國	傳統文化	15
韓國	電視	15
民族	權利主体	15
韓國	文化産業發展	14

　　동시 출현 횟수 분포도를 살펴보면, '한국(韓國)'-'문화산업(文化産業)' 55번, '한국(韓國)'-'예능프로그램(綜藝節目)' 39번, '신문잡지(報刊)'-'신문(報紙)' 32번, '한국(韓國)'-'중화인민공화국(中華人民共和國)' 31번, '한국(韓國)'-'시사점(啓示)' 28번, '신문잡지(報刊)'-'한국(韓國)' 26번, '서울(漢城)'-'한국(韓國)' 25번, '한국(韓國)'-'신문(報紙)' 25번, '한

국(韓國)'-'프로그램(節目)' 24번, '한국(韓國)'-'신문(報紙)' 20번, '문화산업(文化產業)'-'시사점(啓示)' 20번 등의 순으로 나타났다.

동시 출현 횟수와 개별 키워드 출현 빈도수는 반드시 일치하지는 않는다. 개별 키워드로는 빈도수가 높을지라도 동시 출현 횟수는 많지 않을 수 있다는 것이다. 이는 관계속성과 개별속성의 차이가 있기 때문일 것이다. 문화 분야 키워드 분석에서는 관계속성과 개별속성이 비교적 일치함을 확인할 수 있다. 비록 개별 키워드 분석도의 '한국(韓國)'이라는 키워드는 총 632회 등장한 데 비해, '한국(韓國)'과 '문화산업(文化產業)'이라는 키워드의 동시 출현 횟수는 55번에 불과하긴 했으나, 개별 키워드 분포에서 상위를 차지하는 '문화산업(文化產業)'이라는 키워드가 동시 출현 빈도분포에서 역시 1위를 차지했다.

키워드 간 동시 출현 횟수 분포도를 통해 볼 때, 중국의 한국 연구 지식계에서는 한국의 문화산업 및 발전 경험을 '시사점'으로 삼아, '중화인민공화국'에 적용하고자 하는 연구가 비교적 활발하게 생산되고 있음을 짐작할 수 있다. 이는 한류의 영향으로 중국이 한국의 문화산업 발전 경험을 학습하고자 하는 범국가적 의도가 충실히 반영된 결과로 해석된다.

3. 키워드 연결망 분석

이상에서 진행된 키워드 동시 출현 횟수라는 관계적 속성 데이터를 통한 의미 구조 분석은 다음의 상위 키워드 연결망 분석과 도식화를 통해서 더욱더 명확히 확인할 수 있다. 링크 수 상위 3%에 해당하는 키워드 연결망 분석도는 다음과 같다.

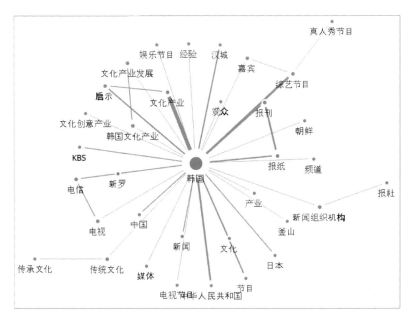

<그림 55> 문화 분야 키워드 연결망 분석도

　<그림 55>는 연결 정도 중심성 값을 토대로 작성된 상위 키워드 연결망 분석도이다. 연결망 분석도 내의 원의 크기는 개별 키워드 빈도수와 반드시 일치하지는 않는다. 원의 크기는 빈도수에 의해서 형성되는 것이 아니라, 상호 연결 정도의 다소에 따라 결정된다. 즉 상호 연결 정도가 높은 키워드일수록 큰 원으로 표시된다. <그림 55>를 통해 볼 때, 연결 정도가 가장 높은 키워드는 '한국(韓國)', '문화산업(文化産業)', '예능프로그램(綜藝節目)', '신문잡지(報刊)', '신문(報紙)', '중화인민공화국(中華人民共和國)', '시사점(啓示)' 등임을 어렵지 않게 확인할 수 있다.

　또한 이들 키워드 간 동시 출현 횟수가 많을수록 그 연결선이 굵게

표시된다. 키워드 간 링크 수는 키워드 관계속성 값으로 동시 출현 횟수를 의미한다. 예를 들면, 그 연결선이 비교적 굵게 표시된 것은 '한국(韓國)', '문화산업(文化産業)'이라는 키워드로 55번 동시 출현한 것이다. 다음으로 '한국(韓國)'과 '예능프로그램(綜藝節目)' 역시 동시 출현 횟수가 39번, '신문잡지(報刊)'와 '신문(報紙)'은 32번 동시 출현, '한국(韓國)'과 '중화인민공화국(中華人民共和國)'은 31번 동시 출현, '한국(韓國)'과 '시사점(啓示)'은 동시 출현 횟수가 28번인 키워드 조합이다.

키워드 간 연결 정도가 높다는 것은 해당 주제와 관련된 지식이 많이 생산되었다는 것을 의미한다. 즉 문화 분야에서는 '한국(韓國)', '문화산업(文化産業)', '예능프로그램(綜藝節目)', '신문잡지(報刊)'와 '신문(報紙)' 등과 관련된 지식이 가장 활발하게 생산되었다는 것을 의미한다.

4. 군집분포 분석

군집분포에 대한 분석은 동시 출현이나 연결망 분석에 더해 보다 더 구체적인 정보를 제공할 수 있다. 이상에서 추출된 주제들에 대해 보다 구체적인 지식 구조 분석과 그 의미 도출을 위해 세 개 이상의 키워드로 구성된 키워드 군집을 측정하는 클릭(Clique)분석을 진행했다. 이상의 키워드들이 상호 어떻게 지식 구조를 형성하고 있는지를 도출한 것이다.

키워드 군집	값
朝鮮文, 報刊, 報紙	20.500
韓國, 報紙, 報刊, 報業, 報紙業, 信息産業	7.273
韓國, 綜藝節目, 娛樂節目, 電信, 電視	6.111
韓國, 綜藝節目, 娛樂節目, 嘉賓, 主持人	6.050
韓國, 綜藝節目, 娛樂節目, 嘉賓, 觀衆	5.990
韓國, 日報, 報紙, 新聞組織机构, 報刊	5.874
韓國, 美國, 美利堅合衆國, 北美洲	5.483
韓國, 中國, 文化産業, 啓示	5.247
韓國, 民族, 權利主体, 韓國人	5.083
韓國, 韓國人, 泡菜, 酸漬食品	5.083
韓國, 綜藝節目, Running, Man	4.980
韓國, 報紙, 報社, 新聞組織机构	4.929
韓國, 報紙, 報刊, 朝鮮日報	4.648
韓國, 報紙, 報刊, 新聞	4.604
韓國, 朝鮮, 日本	4.100
韓國, 儒學, 影響	4.100
韓國, 傳統文化, 傳承文化	4.100
韓國, 節目, 頻道	4.055
韓國, 韓國文化産業, 文化産業發展	4.055

＜표 8＞의 문화 분야 키워드 군집 분포도를 살펴보면, 크게 세 가지 의미 구조의 키워드 군집을 확인할 수 있다. 우선 한국의 신문과 언론에 관련된 키워드 군집이 가장 많은 관심을 받고 있으며, 다음으로는 한국의 예능 프로그램, 세 번째로는 한국의 문화산업과 중국의 문화산업 관련 키워드 군집이다. 이는 한국의 언론과 방송매체 및 문화산업의 발전에 대한 관심이 비교적 크다는 것을 확인할 수 있다.

군집 값이 높은 순서대로 우선, 한국의 신문과 언론에 관련된 키워드 군집이다. 조선문(朝鮮文)-신문잡지(報刊)-신문(報紙), 한국(韓國)-신문(報紙)-신문잡지(報刊)-신문업(報業)-신문업(報紙業)-정보산업(信息産業), 한국(韓國)-일간지(日報)-신문(報紙)-신문조직기구(新聞組織机构)-신문잡지(報刊) 등의 군집을 확인할 수 있다.

다음으로는 한국의 예능 프로그램 관련 키워드 군집이다. 한국(韓國)-예능프로그램(綜藝節目)-오락프로그램(娛樂節目)-전신(電信)-텔레비전(電視), 한국(韓國)-예능프로그램(綜藝節目)-오락프로그램(娛樂節目)-내외빈(嘉賓)-사회자(主持人), 한국(韓國)-예능프로그램(綜藝節目)-오락프로그램(娛樂節目)-내외빈(嘉賓)-관중(觀衆) 등의 키워드 군집이 그것이다.

세 번째로는 한국의 문화산업과 중국의 문화산업 관련 키워드 군집이다. 한국(韓國)-중국(中國)-문화산업(文化産業)-시사점(啓示), 한국(韓國)-전통문화(傳統文化)-전승문화(傳承文化), 한국(韓國)-한국문화산업(韓國文化産業)-문화산업발전(文化産業發展) 등의 키워드 군집을 확인할 수 있다.

즉 이 세 가지가 문화 분야에서 가장 많은 관심을 갖고 연구를 진행하고 있는 주제인 셈이다.

5. 핵심 주제와 오피니언 리더

문화 분야의 키워드 빈도, 동시 출현 분포, 연결망 분포와 군집 분포에 대한 분석을 종합해 보면, 키워드 빈도의 수위와는 다르게 동시 출현 분포나 연결망 분포, 그리고 군집분포에서 공히 세 가지 군집이 모두 최상위에 분포함을 확인할 수 있었다. 즉 한국의 신문과 언론에 관련된 키워드 군집, 한국의 예능 프로그램 키워드 군집, 그리고 한국의 문화산업과 중국의 문화산업 관련 키워드 군집이 문화 분야에서 수위를 차지하는 군집들이다.

이상의 분석 결과를 토대로 정리하면, 문화 분야에서는 다른 하위 분야에 비해서 비교적 집중된 지식 구조와 의미를 도출할 수 있겠다. 즉, 한국의 신문, 잡지, 예능 프로그램 등 문화산업의 특징과 문화산업의 발전 경험을 참고하여 중국의 문화산업 발전을 제고하고자 하는 중국 정부의 의지를 적절히 반영하고 있다는 점을 확인할 수 있다. 한류의 열풍이 중국을 강타하면서 실제로 중국 정부는 한국의 문화산업 발전 경험을 매우 중시하고 이를 학습하여 중국의 문화산업 부양정책을 성공적으로 추진하고자 했다.

여러 가지 미시적 지형도를 확인하는 과정에서, 우리는 문화 분야의 핵심 주제는 신문잡지, 예능 프로그램과 문화산업이라는 점을 확인할 수 있었다. 또한 문화 분야에서의 오피니언 리더는 이러한 핵심 주제를 생산하고 주도하며 영향력을 끼치는 논문과 저자라고 판단한다. 이러한 판단에 따라 핵심 주제에서의 피인용 횟수가 최상위 논문들에 대한 내용분석을 진행했다.

한국의 문화산업과 관련된 주제에서 피인용 횟수가 가장 높은 논문(피인용 횟수 92회)은 조려방, 시보청(趙麗芳, 柴葆青)의 <한국 문화산업의 폭발적 성장 배후의 산업진흥정책(韓國文化産業爆炸式增長背后的産業振興政策)>, ≪新聞界≫(2006: 3)인데, 한국의 문화산업이 매년 30-40%의 속도로 고속 성장을 하며 아시아 이외의 지역까지 시장을 확대하는 상황에서 한국 문화산업의 폭발적 성장 배경에 대한 분석을 통해 중국의 문화산업 발전 가능성을 검토하는 논문인 것으로 파악된다. 책임저자인 조려방(趙麗芳)은 중앙민족대학 문학 및 신문미디어 대학(中央民族大學文學与新聞傳播學院) 강사이며, 제2 저자인 시보청(柴葆靑)은 중국 미디어대학(中國傳媒大學) 박사연구생인데, 저자 모두 아직 저작활동은 활발하지 않은 것으로 나타났다. 하지만 상기 한 편의 논문에 대한 피인용 횟수가 매우 높은 것을 통해 볼 때, 중국의 지식계에서 저자에 대한 평가보다는 한국 문화산업의 성장 배경에 대해 큰 관심을 갖고 있기 때문이라는 점을 추측할 수 있겠다.

다음으로 피인용 횟수가 높은 논문(피인용 횟수 45회)은 안우, 심산(安宇, 沈山)의 <일본과 한국의 '문화입국' 전략 및 중국에 대한 교훈(日本和韓國的"文化立國"戰略及其對我國的借鑒)>, ≪世界經濟与政治論壇≫(2005: 4)인데, 일본과 한국이 20세기 90년대 문화입국 전략에 따라 대대적으로 문화산업의 발전을 추진했다고 강조하면서, 일본과 한국의 문화입국 전략의 추진 배경과 효과, 나아가서는 중국 문화산업 발전에 대한 시사점 등에 대해 분석했다. 주저자인 안우(安宇)는 강소성 회해발전연구원(江蘇淮海發展研究院)에서 주로 강소성 지역 문화산업에 대한 연구를 활발히 진행한 연구자이다. 한국과 일본의 문화산업 발전을 시사점으로 삼아 강소성 지역문화산업 발전을 위한 정책건의가 그 목적이었다고 판단된다.

	题名	作者	来源	发表时间	数据库	被引	下载
□1	国外文化产业：概念界定与产业政策	安宇;田广增;沈山	世界经济与政治论坛	2004-11-25	期刊	174	3597
□2	日本和韩国的"文化立国"战略及其对我国的借鉴	安宇;沈山	世界经济与政治论坛	2005-07-25	期刊	92	1691
□3	江苏省区域文化与文化发展的空间组织	安宇;沈山	经济地理	2006-09-30	期刊	13	651
□4	江苏和浙江"文化大省"建设研究	沈山;安宇;孟召宜	2006年江苏省哲学社会科学界学术大会论文集（下）	2006-12-01	中国会议		76
□5	江苏省区域文化的特征与文化建设的空间组织	沈山;安宇	中国文化产业评论	2007-01-31	辑刊		106

<그림 56> 安宇, 沈山의 주요 연구 성과

상술한 두 명의 저작을 통해 볼 때, 피인용 횟수가 높은 연구가 반드시 해당 분야에서의 영향력이 높은 논문으로 단정하기도 어렵다는 판단이다. 단지 피인용 횟수는 관련 학자들의 관심을 반영하는 데 비교적 중요한 지표가 될 수는 있을 것이다. 또한 핵심 주제에서의 피인용 횟수가 높은 논문과 빈도분석을 통한 저자나 논문 역시 반드시 일치하지 않는다는 점을 확인할 수 있다. 따라서 각 분야에서 영향력을 갖춘 오피니언 리더를 선정할 때 빈도분석이나 피인용 횟수 등 어느 한 가지 지표만을 의존해서는 안 되며, 다양한 지표가 동시에 고려되어야 한다는 점을 강조할 수 있다.

6. 문화분야 거시 지형도와 미시 지형도의 비교

상기 미시 지형도에서 도출된 결과는 제2장의 거시 지형도 빈도분석을 통해 추출된 주요 연구자, 주요 학술기관 및 주요 학술지의 경향과 반드시 일치하지는 않는다. 문화 분야에서 거시 지형도의 빈도분석을 통해 도출된 주요 연구자, 즉 한국 관련 논문을 가장 많이 발표한 연구자는 곽진지(郭鎭之), 정보근(鄭保勤), 정원원(鄭媛媛), 정성굉(鄭成宏),

장춘영(張春英), 서옥란(徐玉蘭), 문춘영(文春英) 등이며, 이들이 생산한 연구주제는 한국의 대중매체, 신문사업, 방송, 문화산업, 매체, 전통문화 등이다. 이러한 주제는 미시 지형도에서 도출된 핵심 주제와도 상당 부분 일치한다. 문화 부문 주요 연구자들이 소속된 기관 및 이들 논문이 발표된 학술지 역시 매체 및 미디어와 직접적으로 관련된 학과와 대학, 그리고 학술지가 대부분을 차지한다.

문화 분야의 미시 지형도, 즉 키워드 빈도, 동시 출현 분포, 연결망 분포와 군집 분포에 대한 분석을 종합해 보면, 한국의 신문과 언론에 관련된 키워드 군집, 한국의 예능 프로그램 키워드 군집, 그리고 한국의 문화산업과 중국의 문화산업 관련 키워드 군집이 문화 분야에서 수위를 차지하는 군집들이다.

문화 분야의 미시 지형도에서 도출된 피인용지수가 높은 오피니언 리더는 조려방, 시보청(趙麗芳, 柴葆靑), 안우, 심산(安宇, 沈山)이며, 이들이 생성하고 있는 핵심 주제는 공히 한국과 중국의 문화산업, 한국의 문화입국 정책 등 문화산업과 관련된 주제들로 집중되었다. 이는 상기 거시 지형도 빈도분석에서 도출된 주요 연구자, 주요 연구주제와는 상당 부분 일치한다.

종합하면, 거시 지형도 분석에서 주요 연구자가 생성한 주제는 미시 지형도 분석의 주제 군집과 일치하는 부분과 일치하지 않는 부분이 병존할 수 있다. 그러나 다른 하위 분야에 비해 문화 분야는 비교적 문화산업으로 집중된 지식 구조와 의미를 도출할 수 있었다.

제3절 교육 분야 지식 구조

여기서는 하위분류 중 '교육 분야'의 키워드 빈도, 동시 출현 분포, 연결망 분포와 군집 분포에 대한 분석을 통해 오피니언 리더 그룹을 찾아내는 작업을 진행했다. 교육 분야는 1992년 한중수교를 기점으로 연구 경향에 분명한 차이를 보이기 때문에 1992년 이전 시기와 이후 시기로 시기 구분을 하여 분석을 진행했다.

1. 키워드 빈도분석

본 연구의 목적은 키워드 연결망 분석 결과를 토대로 한 중화권 '사회문화' 분야의 지식지형도를 파악하는 데 있으므로, 연결망 분석 프로그램을 이용해 '사회문화' 키워드의 빈도분석을 진행했다. 특히 아래는 그중에서도 '교육 분야'에 국한하여 키워드 빈도분석을 진행했다. 이뿐만 아니라 이 빈도분석에 의한 분포도는 상위 20%에 해당하는 키워드를 대상으로 한 분포도임을 밝혀둔다.

1) 1992년 이전(1956-1992년)

1992년 이전의 교육 분야의 키워드 출현 빈도분석 결과를 보면, '조선(朝鮮)'이라는 키워드가 59개로 가장 많았고, '교원(敎員)' 15개, '조선민주주의인민공화국(朝鮮民主主義人民共和國)' 14개, '학교(學校)' 13개, '고등사범학교(高等師範院校)' 10개, '사범대학(師範大學)' 10개, '학당(學堂)' 10개, '평양(平壤)' 10개, '조선노동당(朝鮮勞動黨)' 9개, '북조선(北朝鮮)' 8개, '의무교육(義務敎育)' 8개의 순으로 나타났다.

이상의 키워드 집단을 통해 볼 때, 대부분 북한의 교육과 관련된 키워드 집단인 것을 확인할 수 있다. 1992년 한중수교 전에는 한반도에 대한 연구가 주로 북한에 대한 연구로 한정되었다는 사실을 확인할 수 있다.

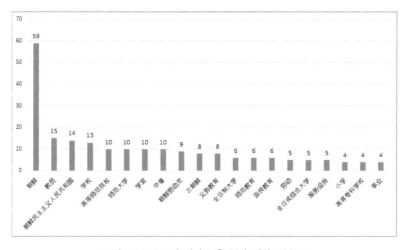

<그림 57> 1992년 이전 교육 분야 키워드 분포도

2) 1992년 이후

1992년 이후의 교육 분야의 키워드 출현 빈도분석 결과를 보면, '시사점(啓示)' 키워드가 123개로 가장 많았고, '학교' 115개, '직업교육' 67개, '조선' 66개, '고등교육' 54개, '일본' 52개, '직업고등학교(職業高中)' 50개, '교육행정조직' 48개, '교육부' 48개, '학당' 44개, '한국교육' 39개 등의 순으로 나타났다.

1992년을 기점으로 이전과 이후는 분명히 구분됨을 볼 수 있다. 1992년 이전에는 북한과 관련된 키워드가 지배적이었으나, 1992년 이후부터는 한국과 조선이 동시에 출현했고, 특히 직업교육과 시사점이라는 키워드가 두드러지게 나타났다. 이는 한국과의 교류가 많아지면서 교육 분야에서는 특히 한국의 직업교육에서 시사점을 얻으려는 시도가 많아졌다고 판단할 수 있다.

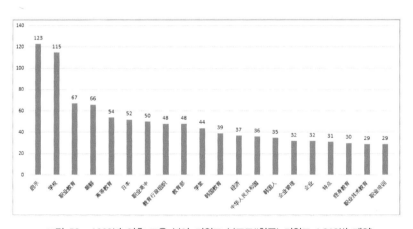

<그림 58> 1992년 이후 교육 분야 키워드 분포도('한국' 키워드 1,313번 제외)

2. 키워드 동시 출현 분포 분석

지식지형도를 살펴보기 위해서는 키워드 간 동시 출현 횟수, 즉 관계속성 데이터를 분석해야 한다. 동시 출현 횟수가 많은 상위 키워드 간 어떤 관계가 형성되어 있는지를 통해 중국의 한국학 전체 지식지형도를 파악하는 작업이다. 연결망 분석 프로그램을 통해 키워드 간 상호 연결(링크) 수가 많은 순으로 그 상위 분포도를 분석해 보았다.

1) 1992년 이전

<표 9> 1992년 이전 교육 분야 키워드 동시 출현 분포도

키워드 1	키워드 2	동시 출현 횟수
朝鮮	教員	13
朝鮮民主主義人民共和國	朝鮮	10
朝鮮	平壤	10
學堂	學校	10
師范大學	高等師范院校	10
朝鮮	學校	9
朝鮮民主主義人民共和國	平壤	8
教員	師范大學	8
教員	高等師范院校	8
朝鮮	學堂	7
朝鮮	師范大學	7
朝鮮	高等師范院校	7
朝鮮	函授教育	6
朝鮮	服務設施	5
朝鮮	勞動	5
學校	教員	5
教員	師范教育	5
師范大學	師范教育	5
高等師范院校	師范教育	5
朝鮮民主主義人民共和國	金日成綜合大學	4

1992년 이전 교육 분야의 동시 출현 횟수 분포도를 살펴보면, '조선-교원' 13번, '조선민주주의인민공화국-조선' 10번, '조선-평양' 10번, '학당-학교' 10번, '사범대학-고등사범학교' 10번, '조선-학교' 9번, '조선민주주의인민공화국-평양' 8번, '교원-사범대학' 8번, '교원-고등사범학교' 8번 등의 순으로 나타났다.

동시 출현 횟수와 개별 키워드 출현 빈도수는 반드시 일치하지는 않는다. 개별 키워드로는 빈도수가 높을지라도 동시 출현 횟수는 많지 않을 수 있다는 것이다. 이는 관계속성과 개별속성의 차이가 있기 때문일 것이다. 하지만 1992년 이전의 교육 분야 키워드 분석에서는 관계속성과 개별속성이 비교적 일치함을 확인할 수 있다. 개별 키워드 분석도에서도 '조선'이 총 59회, '교원'이 15회로 상위 1, 2위를 차지했는데, 그에 걸맞게 '조선'-'교원'의 동시 출현 횟수가 13번으로 1위를 차지했다. 개별 속성과 관계속성 모두 조선과 교원이 최상위를 차지한다는 것이다. 중국의 한국 연구 지식계에서 1992년 이전에는 북한의 교원, 북한의 교육 관련 연구가 비교적 활발하게 생산되었다는 점을 확인할 수 있다.

2) 1992년 이후

1992년 이후 교육 분야의 동시 출현 횟수 분포도를 살펴보면, '학교-한국'이 91번, '한국-시사점'이 91번, '한국-직업교육'이 57번, '한국-직업고등학교' 47번, '한국-일본'이 46번 등의 순으로 나타났다.

1992년 이후의 교육 분야 키워드 분석에서 역시 관계속성과 개별속성이 비교적 일치함을 확인할 수 있다. 개별 키워드 분석도에서도 '시사점(啓示)', '학교', '직업교육'이 상위 1, 2, 3위를 차지했는데, 그에 걸맞게 '학교-한국', '한국-시사점', '한국-직업교육'의 동시 출현 횟수가 각각 91번, 91번, 57번으로 상위 1, 2, 3위를 차지했다.

1992년 이후에는 개별속성과 관계속성 모두 한국, 시사점, 직업교육이 최상위를 차지했다는 것은, 우선 1992년 이후 중국의 한국 연구 지식계가 관심을 북한에서 한국으로 전환시켰다는 점, 한국의 직업교육에서 시사점을 얻고자 하는 연구 의도가 반영되었다는 점을 확인할 수 있다.

<표 10> 1992년 이후 교육 분야 키워드 동시 출현 분포도

키워드 1	키워드 2	동시 출현 횟수
學校	韓國	91
韓國	啓示	91
韓國	職業教育	57
韓國	職業高中	47
韓國	日本	46
學校	學堂	44
教育部	教育行政組織	42
韓國	高等教育	41
韓國	教育行政組織	40
韓國	教育部	35
韓國	學堂	35
企業	企業管理	32
韓國	企業	31
韓國	企業管理	31
韓國	經濟	31
漢城	韓國	29
韓國	職業培訓	28
韓國	職業技術教育	26
職業技術教育	非學歷教育	26
韓國	非學歷教育	25

3. 키워드 연결망 분석

이상에서 진행된 키워드 동시 출현 횟수라는 관계적 속성 데이터를 통한 의미 구조 분석은 다음의 상위 키워드 연결망 분석과 도식화를 통해서 더욱더 명확히 확인할 수 있다. 링크 수 상위 3%에 해당하는 키워드 연결망 분석도는 다음과 같다.

1) 1992년 이전

<그림 59>를 통해 볼 때, 연결 정도가 가장 높은 키워드는 '조선', '교원', '조선민주주의인민공화국', '평양', '학당', '학교', '사범대학', '고등사범학교' 등임을 쉽게 확인할 수 있다.

또한 이들 키워드 간 동시 출현 횟수가 많을수록 그 연결선이 굵게 표시된다. 키워드 간 링크 수는 키워드 관계속성 값으로 동시 출현 횟수를 의미한다. 예를 들면, 그 연결선이 가장 굵게 표시된 것은 '조선-교원'으로 13번 동시 출현한 키워드 조합이다. 다음으로 '조선민주주의인민공화국-조선' 역시 10번 동시 출현, '조선-평양'은 10번 동시 출현, '학당-학교'는 10번 동시 출현, '사범대학-고등사범학교'는 10번 동시 출현, '조선-학교'는 9번 동시 출현, '조선민주주의인민공화국-평양'은 8번 동시 출현, '교원-사범대학'은 8번 동시 출현, '교원-고등사범학교'는 8번 동시 출현한 키워드 조합이다.

키워드 간 연결 정도가 높다는 것은 해당 주제와 관련된 지식이 많이 생산되었다는 것을 의미한다. 즉 1992년 이전 교육 분야에서는 '조선', '교원', '조선민주주의인민공화국', '평양', '학당', '학교', '사범대학', '고등사범학교' 등과 관련된 지식이 가장 활발하게 생산되었다는 것을 의미한다.

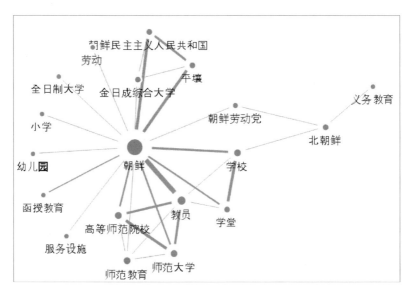

<그림 59> 1992년 이전 교육 분야 키워드 연결망 분석도

2) 1992년 이후

<그림 60>은 1992년 이후 교육 분야 키워드 연결망 분석도이다. 이를 근거하면, 연결 정도가 가장 높은 키워드는 순서대로 '시사점(啓示)', '학교', '직업교육', '조선', '고등교육', '일본', '직업고등학교(職業高中)', '교육행정조직', '교육부', '학당', '한국교육' 등이다.

키워드 간 연결선이 가장 굵게 표시된 것은 '학교-한국'으로 91번 동시 출현한 키워드 조합이다. '한국-시사점' 역시 91번 동시 출현했고, '한국-직업교육'은 57번 동시 출현, '한국-직업고등학교'는 47번 동시 출현, '한국-일본'은 46번 동시 출현한 키워드 조합이다.

키워드 간 연결 정도가 높다는 것은 해당 주제와 관련된 지식이 많이 생산되었다는 것을 의미한다. 즉 1992년 이후 교육 분야에서는 '시사점(啓示)', '학교', '직업교육', '조선', '고등교육', '일본', '직업고등학교(職業高中)' 등과 관련된 지식이 가장 활발하게 생산되었다는 것을 알 수 있다.

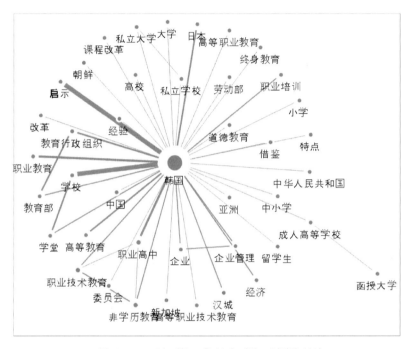

<그림 60> 1992년 이후 교육 분야 키워드 연결망 분석도

4. 군집분포 분석

<표 11> 1992년 이전 교육 분야 키워드 군집 분포도

키워드 군집	값
北朝鮮,共和國,國家形式,學堂,學校	28.182
大學畢業生,師范大學,高等師范院校,師范教育,教員	18.235
義務教育,北朝鮮,學校	16.000
朝鮮,教員,師范大學,高等師范院校,函授教育,師范教育	10.765
朝鮮,平壤,朝鮮民主主義人民共和國,金日成綜合大學	9.333
朝鮮,勞動者,生産力	8.000
朝鮮,教員,師范大學,高等師范院校,朝鮮民主主義人民共和國	7.750
朝鮮,全日制大學,學堂,學校	7.412
朝鮮,幼儿園,服務設施	7.385
朝鮮,服務設施,托儿所	7.385
朝鮮,教員,師范大學,高等師范院校,學校	7.209
朝鮮,朝鮮勞動党,高等師范院校,師范大學	7.000
朝鮮,教員,學堂,學校	6.300
朝鮮,服務設施,朝鮮民主主義人民共和國	6.194

<표 11>의 1992년 이전 교육 분야 키워드 군집 분포도를 살펴보면, 비교적 한 가지의 키워드 군집, 즉 조선(북한)의 사범학교 교육에 관련된 키워드에 집중되어 있음을 알 수 있다. 북한의 중고등학교 학생 교육시스템에 관심을 집중한 것으로 판단할 수 있다.

군집 값이 높은 순서대로 보면, 북조선(北朝鮮)-공화국(共和國)-국가형식(國家形式)-학당(學堂)-학교(學校), 대학졸업생(大學畢業生)-사범대학(師范大學)-고등사업학교(高等師范院校)-사범교육(師范教育)-교원(教員), 의무교육(義務教育)-북조선(北朝鮮)-학교(學校), 조선(朝鮮)-교원(教員)-사범대학(師范大學)-고등사범학교(高等師范院校)-통신교육

(函授教育)-사범교육(師范教育), 조선(朝鮮)-평양(平壤)-조선민주주의
인민공화국(朝鮮民主主義人民共和國)-김일성종합대학(金日成綜合大
學) 등의 키워드 군집을 확인할 수 있다.

즉, 1992년 이전 교육 분야에서는 북한의 교육시스템과 특히 사범학
교 교육시스템 분야가 가장 많은 관심을 갖고 연구를 진행하고 있는
주제인 셈이다.

<표 12> 1992년 이후 교육 분야 키워드 군집 분포도

키워드 군집	값
韓國,職業高中,學校,企業,企業管理	9.938
韓國,職業高中,職業技術敎育,非學歷敎育	8.100
韓國,函授大學,成人高等學校	6.351
韓國,留學人員,留學生	6.351
韓國,私立大學,私立學校	6.351
韓國,開放大學,公開大學	6.351
韓國,高等職業技術敎育,高等職業敎育	6.351
韓國,獎學金,奬金	6.351
韓國,韓國語,韓語	6.351
韓國,敎育部,敎育行政組織	6.269
韓國,職業培訓,職業訓練	6.190
韓國,職業培訓,公團	6.190
韓國,職業培訓,勞動部	6.190
韓國,高等敎育,啓示	6.190
韓國,啓示,經驗	6.190
韓國,啓示,職業敎育	6.112
韓國,學堂,學校	5.963
韓國,職業高中,職業敎育	5.892
韓國,敎育行政組織,學校	5.892

<표 12>는 1992년 이후의 교육 분야 키워드 군집 분포도이다. 1992년 이후 역시 교육 분야에서는 비교적 집중된 의미 구조를 확인할 수 있다. 즉 한국의 직업교육과 유학 관련 키워드 군집으로 집중되어 있다. 우선, 한국의 직업교육과 관련된 키워드 군집이다. 한국(韓國)-직업고등학교(職業高中)-학교(學校)-기업(企業)-기업경영(企業管理), 한국(韓國)-직업고등학교(職業高中)-직업기술교육(職業技術敎育)-비학력교육(非學歷敎育), 한국(韓國)-통신대학(函授大學)-성인고등학교(成人高等學校), 한국(韓國)-고등직업기술교육(高等職業技術敎育)-고등직업교육(高等職業敎育), 한국(韓國)-직업훈련(職業培訓)-직업훈련(職業訓練), 한국(韓國)-시사점(啓示)-경험(經驗) 등의 키워드 군집이 직업교육과 관련된 키워드 군집이다. 다음으로 유학 관련 키워드 군집이다. 한국(韓國)-유학인원(留學人員)-유학생(留學生)의 군집이 유학 관련 키워드 군집이다. 비록 하나의 군집이 형성되어 있지만, 상대적으로 높은 밀도의 군집을 형성하고 있어 별도의 의미 구조를 형성한다고 볼 수 있다.

종합하면, 1992년 이후의 교육 분야에서 가장 많은 관심을 갖고 연구를 진행하고 있는 주제는 첫째가 직업교육, 둘째가 유학 관련 주제로 파악된다.

5. 핵심 주제와 오피니언 리더

교육 분야의 키워드 빈도, 동시 출현 분포, 연결망 분포와 군집 분포에 대한 분석을 종합해 보면, 키워드 빈도의 수위와는 다르게 동시 출현 분포나 연결망 분포, 그리고 군집분포에서 다음과 같은 군집이 모두 최상위에 분포함을 확인할 수 있었다. 즉 1992년 이전에는 조선(북한)

의 사범학교 교육에 관련된 키워드, 그리고 1992년 이후에는 한국의 직업교육 관련 키워드 군집과 유학 관련 키워드 군집이 수위를 차지하는 군집이었다.

1992년 이후 한국의 직업교육과 관련된 키워드 군집이 수위를 차지하는 이유는 중국의 개혁개방 후 시장경제 체제에 적응할 수 있는 직업교육이 절실했기 때문에 한국의 발전 경험과 직업교육 경험의 학습이 중요하다고 판단했을 것이다.

위와 같이 미시적 지형도를 확인하는 과정에서, 우리는 교육 분야의 핵심 주제는 북한의 사범학교 교육시스템, 한국의 직업교육 및 유학이라는 점을 확인할 수 있었다. 교육 분야에서의 오피니언 리더는 이러한 핵심 주제를 생산하고 주도하며 영향력을 끼치는 논문과 저자라고 판단한다. 이러한 판단에 따라 핵심 주제에서의 피인용 횟수가 최상위인 논문들에 대한 내용분석을 진행했다.

우선, 북한의 사범학교 교육과 관련된 주제 중 최초로 발표된 논문은 작자 미상의 <조선교육시찰단의 중국방문(朝鮮敎育考察團來我國訪問)>, ≪江蘇敎育≫(1956: 21)인데, 조선민주주의인민공화국 교육시찰단 일행 50인이 중국을 방문하였다는 소식 정도이다. 시찰단은 북한의 대학 중학 초등학교 및 중등기술교육, 중고등 사범교육, 유아교육, 교육행정, 교육출판사 등의 기관으로 구성되었다는 내용이다.

북한의 사범교육과 관련하여 비교적 많은 저작을 생산한 학자는 동북사범대학 소속의 장재석(張在碩)으로 <조선사범교육(朝鮮師范教育)>, ≪外國敎育硏究≫(1984: 03)에서 조선의 사범교육을 소개했다. 조선은 일본 제국주의 강점 시기에 남겨진 4곳의 사범학교가 기초가 되어 발전했으며, 해방 후 조선노동당과 김일성의 영도하에 식민지 교육의 잔재를 일소하고 북한의 실제에 부합하는 인민교육체계를 수립하고 부단히 개혁 발전하고 있다고 소개한다.

다음으로 한국의 직업교육과 관련된 주제에서 피인용 횟수가 가장 높은 논문(피인용 횟수 53회)은 사회 분야에서도 소개된 류금평(柳金平)의 <한국의 경험으로 본 중국 농민전문합작 발전을 위한 교육육성사업(從韓國經驗看發展中國農民專業合作社的教育培訓事業)>, ≪世界農業≫(2008: 3)이다. 이 논문은 1992년 이후 교육 분야에서도 가장 높은 피인용 횟수를 가진 논문으로 그 영향력이 충분하다 판단된다. 그다음으로 직업교육 주제 중 피인용 횟수가 높은 논문(피인용 횟수 45회)은 여조광(余祖光), <한국의 직업교육 및 직업훈련 연구(透視韓國職業教育与職業培訓)>, ≪中國職業技術教育≫(2003-02-15)인데, 이 논문 역시 사회 분야 직업훈련 주제의 상위 피인용 횟수 논문으로 소개되었다.

다음으로 피인용 횟수가 높은 논문(피인용 횟수 44회)은 이수산(李水山), <신시대 한국 농민교육의 특징과 발전추세(新時期韓國農民教育的特征和發展趨勢)>, ≪職教論壇≫(2005: 16)인데, 이 논문에서는 한국의 농민교육을 소개하면서 한국은 농촌진흥청, 농민합작 조직과 농업학교가 국가 농민교육의 주체가 되어 농민의 직업교육체계를 구축하고 있다고 분석하고 이러한 관리 경험과 교육제도를 학습할 필요가 있다고 주장한다. 저자 李水山은 중국 교육부 중앙 교육과학 연구소 비교교육 연구센터(教育部中央教育科學研究所比較教育研究中心) 소속으로 상기 논문 외에도 한국 농촌, 특히 새마을운동과 직업교육에 대한 다수의 연구 성과를 내고 있다.

	題名	作者	來源	发表时间	数据库	被引	下载
☐1	韩国的新村运动	李水山	中国改革(农村版)	2004-04-01	期刊	80	470
☐2	韩国新乡村运动	李水山	小城镇建设	2005-08-07	期刊	52	507
☐3	新时期韩国农民教育的特征和发展趋势	李水山	职教论坛	2005-06-25	期刊	44	310
☐4	韩国中小学教师的职前培养和在职培训	李水山; 寫萬沫; 金泳山	高等农业教育	2004-12-20	期刊	30	411
☐5	韩国新村运动的背景、社会特征及其启示	李水山	职业技术教育	2007-01-01	期刊	23	285
☐6	韩国的新村运动	李水山	中国农村经济	1996-05-25	期刊	23	248
☐7	韩国新村运动及对我国新农村建设的有益启示	李水山	沈阳农业大学学报(社会科学版)	2012-03-15	期刊	19	323
☐8	新时期韩国教育的重大改革与社会反映	李水山	职业技术教育	2007-07-01	期刊	16	471
☐9	韩国农业发展与新乡村运动	卢良恕,沈秋兴,孙智,李	中国农业资源	1997-12-30	期刊	16	220

<그림 61> 李水山의 한국 관련 주요 연구 성과

세 번째, 한국의 유학과 관련된 주제에서 피인용 횟수가 가장 높은
논문(피인용 횟수 147회)은 기화, 이수연(亓華, 李秀姸)의 <재북경 한
국유학생의 이문화 적응문제 연구(在京韓國留學生跨文化适應問題研
究)>, ≪靑年硏究≫(2009: 2)인데, 북경 거주 한국 유학생을 대상으로
설문조사와 면담조사를 실시하여 재북경 한국 유학생의 중국 사회 적
응 문제를 분석하였다. 한국 유학생과 관련된 연구는 이 연구 외에도
다수 발표되고 있는 점을 미루어 볼 때, 한중수교 이후 한국 기업의 중
국 투자와 더불어 한국 유학생도 빠른 속도로 증가했고, 이들의 학교
적응과 현지 사회 적응 문제가 중요한 이슈가 되고 있기 때문인 것으
로 판단된다.

□	题名	作者	来源	发表时间	数据库	被引	下载
□1	在京韩国留学生跨文化适应问题研究	亓华; 李秀妍	青年研究	2009-04-15	期刊	147	4285
□2	赴泰汉语志愿者跨文化适应研究	Thoranit Lilasetthakul (林德成)	华南理工大学	2010-04-29	硕士	87	2453
□3	在华韩国留学生的跨文化适应问题研究	朴丁美	沈阳师范大学	2013-05-26	硕士	40	2106
□4	在渝泰国留学生跨文化适应调查研究	全修忠	西南大学	2013-04-24	硕士	32	1188
□5	中韩本科生跨文化人际交往研究——以复旦大学为例	张鹿	复旦大学	2013-05-26	硕士	9	736
□6	在川韩国留学生跨文化适应状况研究	黄河; 刘春	当代韩国	2017-12-25	期刊	4	286
□7	西安高校韩国留学生跨文化适应问题研究	杨柳	陕西师范大学	2016-05-01	硕士	4	177
□8	北京高校韩国留学生跨文化适应内容与方式探讨	穆璐	中央民族大学	2015-04-20	硕士	4	488
□9	在京阿拉伯留学生跨文化适应问题研究	李春桓; 刘欣路	阿拉伯研究论丛	2015-12-31	辑刊	3	92
□10	在京韩国留学生跨文化适应的过程研究	[illegible]	中国青年政治学	2017-04-12	硕士	1	[illegible]

<그림 62> 한국 유학생 관련 주요 연구 성과

피인용 횟수가 높은 연구가 반드시 해당 분야에서의 영향력이 높은 논문은 아니다. 하지만 피인용 횟수는 관련 학자들의 관심을 반영하는 데 비교적 중요한 지표가 될 수는 있을 것이다. 따라서 각 분야에서 영향력을 갖춘 오피니언 리더를 선정할 때 빈도분석이나 피인용 횟수 등 어느 한 가지 지표만을 의존해서는 안 되며, 다양한 지표가 동시에 고려되어야 할 것이다.

6. 교육분야 거시 지형도와 미시 지형도의 비교

상기 미시 지형도에서 도출된 결과는 제2장의 거시 지형도 빈도분석을 통해 추출된 주요 연구자, 주요 학술기관 및 주요 학술지의 경향과 반드시 일치하지는 않는다. 교육 분야 거시 지형도의 빈도분석을 통해 도출된 주요 연구자, 즉 교육 분야에서 가장 많은 연구를 진행한 연구자로는 손계림(孫啓林), 장뢰생(張雷生), 이수산(李水山), 강영민(姜英

敏), 오연희(吳蓮姬),[37] 색풍(索丰), 양영화(梁榮華), 왕영빈(王英斌), 담비(譚菲) 등을 들 수 있으며, 이들이 생산한 연구주제는 한국의 교육 과정, 인재 양성, 교육정책, 농민교육, 새마을운동 등이다. 주요 학술기 관은 교육대학 혹은 사범대학, 교육연구소 등으로 집중되었고, 대표적 학술지 역시 세계교육정보, 비교교육연구, 외국교육연구 등 교육 관련 전문 학술지로 집중되었음을 확인할 수 있다.

특이한 점은 학술지 중 당대한국(当代韓國)은 사회 분야, 문화 분야, 교육 분야를 막론하고 빈도수가 비교적 높은 대표적 학술지로 꼽힌다 는 점이다.

그러나 미시 지형도에서 도출한 주요 핵심 주제는 이와 반드시 일치 하지는 않는다. 교육 분야의 미시 지형도, 즉 키워드 빈도, 동시 출현 분포, 연결망 분포와 군집 분포에 대한 분석을 종합해 보면, 1992년 이 전에는 조선(북한)의 사범학교 교육에 관련된 키워드, 그리고 1992년 이후에는 한국의 직업교육 관련 키워드 군집과 유학 관련 키워드 군집 이 수위를 차지하는 군집이었다. 이처럼 거시 지형도의 빈도분석에서 도출된 주요 연구자의 관심 주제와 미시 지형도에서 도출된 핵심 주제 는 반드시 일치하지 않는다.

미시 지형도에서 도출된 피인용지수가 높은 오피니언 리더는 우선 북한의 경우 장재석(張在碩), 남한의 경우는 류금평(柳金平), 여조광 (余祖光), 이수산(李水山), 기화, 이수연(亓華, 李秀姸)인데, 이 중에서 도 류금평(柳金平)과 여조광(余祖光)은 '사회 분야'에서도 두각을 나타 냈던 연구자들이다. 이들이 생성하고 있는 핵심 주제는 농민교육, 직업

---

37) 이 중에서 오연희(吳蓮姬), 왕영빈(王英斌)은 사회 분야에서도 두각을 나타낸 연구자 이다.

훈련과 직업교육, 그리고 유학 관련 주제이다. 이는 상기 거시 지형도 빈도분석에서 도출된 주요 연구자, 주요 연구주제와 대부분 일치하는 것을 확인할 수 있다.

종합하면, 거시 지형도 분석에서 주요 연구자가 생성한 주제는 미시 지형도 분석의 주제 군집과 일치하는 부분과 일치하지 않는 부분이 병존한다. 이는 중국의 한국학에서 영향력과 파급력, 핵심 주제를 생성해 나가는 주요 연구자는 거시적 분석과 미시적 분석이 함께 이루어져야 판별이 가능함을 의미한다.

제4절 중국의 한국학 확산과 한계

이 절에서는 사회문화 분야에서 한국학 성과들이 어떠한 모습으로 중국에서 확산되고 있는가를 살펴보았다. 주요 연구자와 핵심 주제가 형성되었다 하여도 저변에 확산되지 않는다면 그 의미가 상대적으로 절감되기 때문이다.

1. 사회 분야

우선 하위분류 중 '사회 분야'에서 피인용지수가 가장 높은 논문 2편의 확산 정도를 추정했다. 류금평(柳金平)의 <한국의 경험을 통해 본 중국 농민 전문합작사 발전을 위한 교육 육성사업(從韓國經驗看發展中國農民專業合作社的敎育培訓事業)>, ≪世界農業≫(2008: 3)은 피인용 횟수가 가장 많은 논문이다. 이 논문의 연도별 피인용 횟수를 살펴보면, 2009년부터 시작하여 2015년에 가장 많은 논문에 인용되었으나 그 후 점차 감소 추세를 보이는 것을 확인할 수 있다. 하지만 그 파급 효과가 적지 않다는 사실은 충분히 확인할 수 있다.

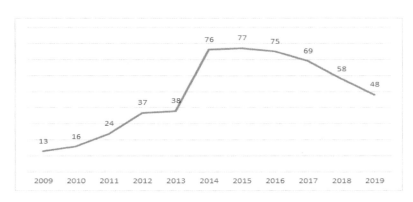

<그림 63> 연도별 피인용 횟수(사회 분야 논문1)

<그림 64> 인용문헌 네트워크(사회 분야 논문1)

위 그림은 해당 논문의 연도별 인용 편수와 더불어 어떠한 정도로 확산되고 있는지를 가늠할 수 있는 인용문헌 네트워크 그림이다. 인용문헌(引證文獻)은 55편, 2급 인용문헌(二級引證文獻)은 502편, 동시

피인용문헌(同被引文獻)은 1,503편으로 파악된다.[38) 이러한 네트워크 형태를 통해 해당 문헌의 파급효과를 충분히 가늠할 수 있다.

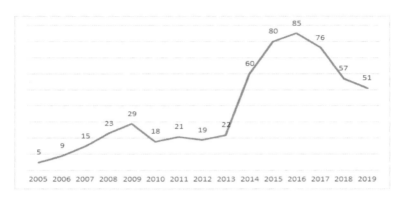

<그림 65> 연도별 피인용 횟수(사회 분야 논문2)

<그림 66> 인용문헌 네트워크(사회 분야 논문2)

---

38) 인용문헌(引證文獻)은 본 문헌을 인용한 문헌, 동시 인용문헌(共引文獻)은 본 문헌이 인용한 문헌을 동일하게 인용한 문헌, 2급 인용문헌(二級引證文獻)은 본 문헌의 참고 문헌을 참고한 문헌, 동시 피인용문헌(同被引文獻)은 본 문헌과 동시에 피인용 된 문헌을 가리킨다.

여조광(余祖光)의 <한국의 직업교육과 직업훈련 연구(透視韓國職業教育与職業培訓)>, ≪中國職業技術教育≫(2003-02-15) 역시 2016년에 가장 많은 인용 횟수를 보이나 점차 그 추세가 감소하였다. 하지만 여전히 상승 추세를 유지하고 있어 그 파급효과를 충분히 확인할 수 있다. 인용문헌 네트워크 현황에서도 파급효과를 확인할 수 있다. 인용문헌은 47편, 2급 인용문헌은 549편, 동시 피인용문헌은 1,219편으로 파악된다.

'사회 분야'의 피인용 횟수 상위 논문인 상기 두 편의 연도별 피인용 횟수 증감과 확산 정도를 종합하면, 시간이 지날수록 그 횟수가 증가하였고 비록 일정 기간 이후에 감소 추세는 보이고 있으나 이미 일정 기간 동안 충분히 확산 추세를 보였음을 확인할 수 있었다. 즉 사회 분야에서 상기 두 편의 논문은 한국학의 확산에 분명한 기여를 한 논문인 것으로 인정할 수 있다.

2. 문화 분야

다음은 하위분류 중 '문화 분야'에서 피인용지수가 가장 높은 논문 2편의 확산 정도를 추정했다. 조려방, 시보청(趙麗芳, 柴葆青)의 <한국 문화 산업의 폭발적 성장 배후의 산업진흥정책(韓國文化産業爆炸式增長背后的産業振興政策)>, ≪新聞界≫(2006: 3)는 '문화 분야'에서 피인용 횟수가 가장 많은 논문이다. 이 논문의 연도별 피인용 횟수를 살펴보면, 2007년부터 시작하여 2016년까지 지속적인 확산 추세를 보이다가 2016년을 정점으로 약간의 정체를 보이고 있다. 그러나 여전히 상승 추세를 거스르지는 않는 것으로 판단된다. 인용문헌 네트워크 현황에서도 파급효과를 확인할 수 있다. 인용문헌은 96편, 2급 인용문헌은 1,029편, 동시 피인용문헌은 4,502편으로 파악된다.

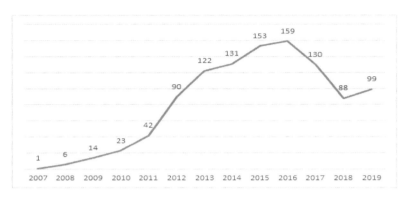

<그림 67> 연도별 피인용 횟수(문화 분야 논문1)

<그림 68> 인용문헌 네트워크(문화 분야 논문1)

안우, 심산(安宇, 沈山)의 <일본과 한국의 '문화입국' 전략 및 중국에 대한 교훈(日本和韓國的"文化立國"戰略及其對我國的借鑒)>, ≪世界經濟与政治論壇≫(2005: 4) 역시 2015년에 가장 많은 인용 횟수를 보이

나 점차 그 추세가 감소하였다. 인용문헌 네트워크 현황에서도 그 확산 효과를 확인할 수 있다. 인용문헌은 95편, 2급 인용문헌은 866편, 동시 피인용문헌은 3,633편으로 파악된다. 비교적 특별한 점은 동시 인용문헌(共引文獻) 편수가 타 논문에 비해 많다는 점이다. 동시 인용문헌은 본 문헌이 인용한 문헌을 동일하게 인용한 문헌 편수를 나타내는 지표이므로, 본 문헌이 핵심 주제 권역에 속해 있으면서 핵심 주제의 재확산에 기여하고 있다는 의미로 해석할 수 있다.

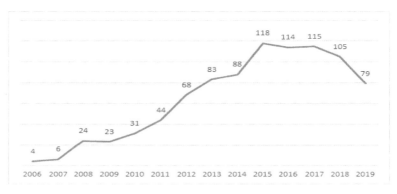

<그림 69> 연도별 피인용 횟수(문화 분야 논문2)

<그림 70> 인용문헌 네트워크(문화 분야 논문2)

'문화 분야'의 피인용 횟수 상위 논문인 상기 두 편의 연도별 피인용 횟수 증감과 확산 정도를 종합하면, '사회 분야'와 마찬가지로 시간이 지날수록 그 횟수가 증가하였고, 비록 일정 기간 이후에 감소 추세는 보이고 있으나 이미 일정 기간 동안 충분히 확산 추세를 보였음을 확인할 수 있었다. 즉 문화 분야에서 상기 두 편의 논문은 해당 분야 한국학의 확산에 분명한 기여를 하고 있는 논문인 것으로 인정할 수 있다. 이뿐만 아니라 '문화 분야' 중에서도 문화산업이 핵심 주제이며, 핵심 주제 논문은 재확산에도 분명한 기여를 하고 있다는 사실을 확인할 수 있다.

3. 교육 분야

하위분류 중 '교육 분야'에서 피인용지수가 가장 높은 논문 2편의 확산 정도를 추정했다. 이수산(李水山)의 <신시대 한국 농민교육의 특징과 발전 추세(新時期韓國農民敎育的特徵和發展趨勢)>, ≪職敎論壇≫ (2005: 16)은 '교육 분야'에서 피인용 횟수가 가장 많은 논문이다.[39] 이 논문의 연도별 피인용 횟수를 살펴보면, 2006년부터 시작하여 2016년까지 지속적인 확산 추세를 보이다가 2016년을 정점으로 약간의 정체를 보이고 있다. 인용문헌 네트워크 현황에서도 파급효과를 확인할 수 있다. 인용문헌은 45편, 2급 인용문헌은 729편, 동시 피인용문헌은 2,026편으로 파악된다.

---

39) 교육 분야로 분류된 논문 중 피인용 횟수가 가장 많은 논문 두 편은 사회 분야와 중복되어 제외시켰고, 차상위 두 편을 선정했다.

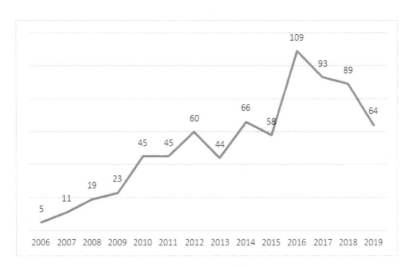

<그림 71> 연도별 피인용 횟수(교육 분야 논문1)

<그림 72> 인용문헌 네트워크(교육 분야 논문1)

기화, 이수연(亓華, 李秀姸)의 <재북경 한국유학생의 이문화 적응문제 연구(在京韓國留學生跨文化適應問題研究)>, ≪青年研究≫(2009: 2)의 경우는 비교적 특별하다. 발표 이듬해인 2010년부터 2018년까지 지속적인 확산 추세를 보여준다. 사회 분야와 문화 분야의 핵심 논문들의

피인용 추세가 2016년을 정점으로 상승 확산 추세를 멈춘 것에 비하면 분명 특별한 확산 추세를 보여주고 있는 것이다. 그뿐만 아니라 인용문헌 네트워크에서도 비교적 특별한 점을 찾아낼 수 있다. 인용문헌은 166편, 2급 인용문헌은 940편, 동시 피인용문헌은 2,643편으로 파악된다. 그러나 다른 논문과는 다르게 동시 인용문헌이 3,307편이나 된다. 동시 인용문헌은 본 문헌이 인용한 문헌을 동일하게 인용한 문헌 편수를 나타내는 지표이므로, 문화 분야의 문화산업 주제와 마찬가지로 본 문헌, 즉 유학생 주제가 교육 분야의 핵심 주제 권역에 속해 있으면서 핵심 주제의 재확산에 기여하고 있다는 의미로 해석할 수 있다.

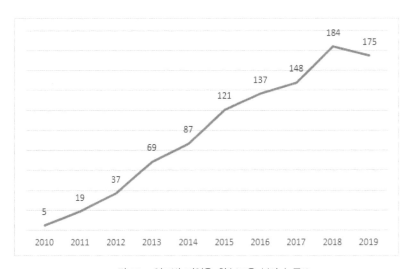

<그림 73> 연도별 피인용 횟수(교육 분야 논문2)

<그림 74> 인용문헌 네트워크(교육 분야 논문2)

　　'교육 분야'의 피인용 횟수 상위 논문인 상기 두 편의 연도별 피인용 횟수 증감과 확산 정도를 종합하면, '사회 분야'나 '문화 분야'와는 다소 다르게 유학생 관련 주제 논문의 경우는 발표 후 지금까지 지속적인 확산 추세를 보여주고 있으며, 핵심 주제의 재확산에도 분명한 기여를 하고 있음을 확인할 수 있었다.

4. 확산과 재확산의 한계

　　위에서 사회 분야, 문화 분야, 교육 분야 등 세 분야에서 각각 피인용 횟수가 가장 높은 논문을 선정하여 연도별 피인용 횟수 추세와 확산 재확산 정도를 확인했다. 그 결과 다음과 같은 두 가지의 특징을 발견할 수 있었다.

　　우선, 교육 분야의 유학생 관련 주제 논문을 제외한 모든 분야에서 연도별 피인용 횟수가 2016년을 정점으로 증가 추세를 멈춘다는 점이 특이하다. 공교롭게도 2017년 중국이 사드(고고도미사일방어체계) 보복으로 한한령(한류 제한령)을 내리면서 중한 관계가 경색된 사실과 상당 부분 일치한다. 한한령이 중국에서의 한국학 발전과 확산에도 영향을 미쳤을 것이라 추측할 수 있다. 앞서 제2장 제2절 <각 분야별 연구 성과의 연도별 분포도>에서도 이러한 추세를 확인할 수 있어 한한령이 한국학 발전과 확산에 분명한 영향을 끼쳤다는 점을 추론할 수 있겠다. 그러나 유학생 관련 주제는 이러한 영향을 받지 않고 지속적으로 확산 발전되고 있다. 이는 한국 유학생의 중국 적응 문제이기 때문에 오히려 더욱 많은 관심을 갖게 되었기 때문인 것으로 판단된다. 결국 중국의 한국학 확산과 발전은 한중 간 우호 관계의 지속이라는 구조적 환경의 영향을 경시할 수 없을 것으로 판단한다.

둘째는 확산 재확산의 핵심 주제는 문화산업과 유학생 관련 주제라는 점이다. 사회문화 전 분야에 직업훈련, 직업교육, 기술교육, 농업교육, 문화산업, 유학생 문제 등 다양한 주제가 핵심 주제로 선정되었으나, 확산과 재확산에 분명한 기여를 한 주제는 문화산업과 유학생 관련 주제인 것으로 판단된다. 따라서 이러한 주제는 물론 소외된 다양한 주제가 확산과 재확산될 수 있는 환경이 조성될 수 있도록 노력해야 하는 과제가 남아 있다.

제4장

대만의 한국학

- 냉전시대의 대만과 한국은 매우 밀접한 관계를 맺고 있었다. 대만(중화민국)은 중화인민공화국과, 그리고 한국은 북한과 대치하고 있는 반공진영의 동맹국으로서 한국과 대만은 매우 밀접한 정치경제, 군사적 관계를 형성하고 있었으며, 활발한 상호 교류를 통해 사회문화적으로도 두터운 신뢰 관계를 유지 발전시키고 있었다. 비록 1992년 대만과 한국의 단교로 인해 일정한 시간 동안 침체를 겪기도 했지만, 단교 이후에도 정치외교 영역을 제외한 민간의 교류는 다시 회복되기 시작했고 상호 교류의 범위와 그 깊이 역시 부단히 발전해 왔다. 특히 21세기에 들어서면서 대만의 한국학 연구는 대폭적으로 증가하는 추세를 보이고 있다. 물론 이 시기 한국에서의 대만에 대한 관심과 연구 역시 이에 못지않은 증가 추세를 보이고 있다.

- 따라서 대만과 한국의 발전적 미래를 상정하면서 상대국의 지식 구조가 시대의 변화에 따라 어떻게 변화하고 있는지, 과연 어떤 학자, 어떤 학술기관, 어떤 학술 영역에서 어떠한 학술적 연구 성과가 축적되고 있는지 등을 살펴보는 것은 매우 중요한 의미를 갖는다.

- 대만의 한국학 여러 분야 중에서 정치외교, 군사, 경제 경영, 사회문화, 역사, 언어, 문학 등 사회과학과 인문학 영역을 주요 연구 대상으로 한정하였으며, 연구 대상 분야에 대한 전체적인 이해와 함께 본 연구가 특별히 관심을 갖고 있는 '사회문화' 분야에 더욱 집중하였다. 우선 대만의 한국에 대한 관심과 연구는 주로 어떠한 학자에 의해서, 어떠한 학술 연구기관에서 생성되고 발전되는가를 파악하는 데 목표를 두었다. 또한 시기별 학술 영역별 한국 연구의 지식 형성과 확산의 특징에 대해서도 분석을 진행하였다.

제1절 연도별 추세 분석

서론에서 소개한 연구 방법에 의해 검색된 총 4,016편의 논문을 대상으로 연도별 연구 추세를 파악해 보면 다음과 같다.[40] 우선, 대만에서 가장 최초로 발표된 논문은 1950년 발표된 논문이었으며 그로부터 1960년대 중반까지의 연구 성과는 그다지 눈에 띄지 않았다. 그러나 1960년대 후반기부터 시작하여 매우 활발한 증가 추세를 보여준다. 그 후 1970년대와 1980년대에 가장 많은 수의 한국 관련 연구가 생산되었으며, 1990년대 이후에는 또한 급속도의 감소 추세로 돌아섰다. 이는 아마도 1992년에 있었던 대만과 한국의 단교의 영향이었으리라 판단된다. 그나마 다행스러운 것은 2000년대에 들어서 다소 회복하는 추세를 보여주고 있는 것이다. 대만의 한국 연구자들이 이미 단교의 충격과 영향에서 벗어나 새로운 관계를 모색하고 있다고 판단할 수 있다(<그림 75> 참조).

---

40) 대만의 한국학 부분은 저자의 기발표 논문을 수정 보완하였음을 미리 밝혀둔다.

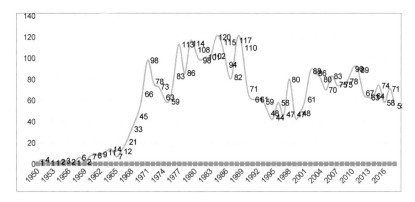

<그림 75> 대만의 한국 연구 연도별 추세

참고로 한국에서의 대만 연구는 어떠한가를 연도별 추이를 통해 살펴보았다. 한국에서 가장 최초로 발표된 대만 관련 연구논문은 1929년에 발표된 논문이었다. 그 후 1934년부터 1948년까지 매년 단지 2-3편 정도의 논문이 발표될 정도로 그 수량이 극히 적었다. 그러나 1950년대 이후부터 점차 증가하기 시작하여, 1980년대부터는 대폭적인 성장세를 보여주기 시작했다. 이러한 성장세는 1992년 단교의 영향도 크게 받지 않고 지속되었다. 이러한 추세는 대만에서의 한국 연구 추세와는 분명 다른 특징을 보여주는 것이다(<그림 76> 참조).

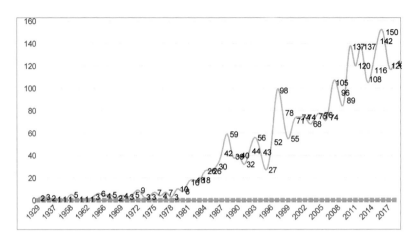

<그림 76> 한국의 대만 연구 연도별 추세

한국의 대만 연구 추세와 달리 대만의 한국 연구는 다음과 같은 특징을 가지고 있다. 우선, 한국의 대만 연구와 서로 비교할 때 대만의 한국 연구는 상대적으로 늦게 시작되었다. 한국의 대만 연구는 1929년에 최초의 연구가 발표되었으나 대만의 한국 연구는 1950년이 되어서야 최초의 연구가 발표되었다. 다음으로, 대만과 한국의 단교 이전에는 대만의 한국 연구가 지속적으로 증가했으나 단교의 영향을 받아, 1990년대 이후 급속도의 감소 현상을 경험했다. 비록 2000년대에 들어서서 다시 회복하고 있기는 하지만 분명 단교의 영향을 받아 한국에 대한 관심과 연구가 급속도로 냉각되었던 것만큼은 사실이다. 한국의 대만 연구가 단교의 영향을 받지 않고 지속적으로 증가되고 있는 것과 대조적인 것은 특기할 만하다.

제2절 주요 연구자, 주요 학술지,
주요 학문 분야와 키워드 분석

1. 주요 연구자

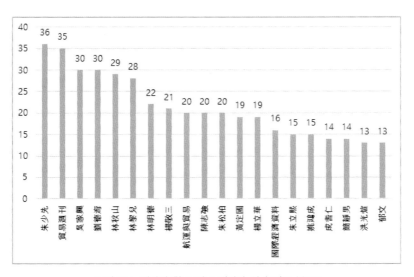

<그림 77> 대만의 한국 연구 저자별 성과 빈도 분포도

대만의 한국 연구 학자 중에서 연구논문을 비교적 많이 생산하고 있는 학자는 대부분 사회과학을 전공한 학자들이다. 연구원의 연구보고서를 제외하고 가장 많은 한국 관련 연구를 발표한 학자는 주소선(朱少先)이다. 주소선은 대만의 정치대학(政治大學) 국제관계연구센터의 연구원이며, 주로 일한문제(日韓問題)를 연구하는 학자이다. 1961년부터 1985년까지 그는 <한국 정국의 현황과 미래(韓國政局之現狀及其前途)>(1961)를 포함하여 총 36편의 한국 정치외교 방면의 연구논문을 발표했다. 오가흥(吳家興)은 대만의 경제건설위원회 경제연구팀장을 역임한 바 있으며, <한국 수출증대의 정책방향(韓國擴大出口的政策方向)>(1979) 등을 포함하여 1979년부터 2011년까지 모두 30편의 한국 경제 관련 논문 및 대만과 한국의 경제 상황 비교논문 등을 발표했다. 정치대학 외교학과의 유덕해(劉德海) 역시 적지 않은 논문을 발표했다. 그는 1989년부터 지금까지 <미국의 대남한 정책의 회고와 전망(美國對南韓政策的回顧與展望)>(1989)을 비롯하여 총 30편의 국제관계, 외교정책 비교, 동북아 국제관계와 관련된 연구 성과를 발표했다. 대표적 지한파로 알려진 임추산(林秋山) 역시 <중국의 한국학 연구 실태보고(中國研究韓國學之實態報告)>(1974)를 비롯하여 1974년부터 2013년까지 총 29편의 한국 정치외교와 관련된 논문을 발표했다.

이상의 분석을 종합하면, 한국 관련 연구 논문을 가장 많이 발표한 4명의 학자는 모두 정치외교, 경제 등을 전공한 사회과학자들이었다. 즉 대만의 한국 연구 중에서 사회과학 영역의 관심과 연구가 가장 활발한 것을 확인할 수 있다.

이 밖에, 양경삼(楊敬三)(21편), 진지강(陳志强)(20편), 양립화(楊立華)(19편) 등 학자 역시 한국의 경제 영역에 대해 다수의 연구를 진행하였다. 또한 주송백(朱松柏)(20편), 주립희(朱立熙)(15편) 등 역시 한국의 정치외교에 관련한 연구 성과가 비교적 활발한 학자이다. 주립희는 <지한문화협회(知韓文化協會)>를 조직하고 이론과 실무를 연결하여 대만과 한국의 인권단체, 교육기관 및 젊은 세대의 교류와 협력의 중개 역할을 해왔으며, 한국 이해(知韓)와 대만 이해(知臺)를 촉진하는 공헌을 해오고 있다. 동시에 주립희는 한국 관련 저작활동도 매우 활발하게 진행하고 있다. 예를 들면, 朱立熙(譯), ≪韓國財閥群像≫, 聯經(1983); ≪第一主義-三星集團創辦人自傳≫, 天下(1986); ≪漢江變-特派員的現場目擊≫, 時報(1989); ≪再見阿里郎-臺韓關係總淸算≫, 克寧(1993); ≪國家暴力與過去淸算: 從韓國518看臺灣228≫, 允晨(2007) 등의 저작을 통해 대만에 한국의 민주화 운동과 경제 기적 및 양국 관계에 대한 소개를 활발히 진행했다.

어문학 영역에서 비교적 활발한 연구 성과를 생산한 학자는 한국 문학을 전공한 임명덕(林明德) 교수이다. 현재까지 임명덕 교수는 <論韓國漢文小說與漢文學之硏究>(1980)를 비롯하여 다수의 논문을 발표했다(22편). 어문학 영역에서의 연구 성과는 상대적으로 그 수가 많지 않다. 하지만 연구 성과의 수를 가지고 한국 연구 중의 역할과 비중을 단순하게 진단할 수는 없을 것이다. 어떤 영역에서는 연구에서, 또 다른 영역에서는 교육 방면에서, 각각 고유의 역할을 하고 있기 때문이다. 어문학 전공 학자들은 그동안 많은 대학에서 한국어 교육에 매우 많은 공헌을 하고 있음을 상기할 필요가 있다.

대만의 한국 연구자인 주립희에 따르면,[41] 발표된 연구 성과의 수량

---

41) 朱立熙, 臺灣的韓國研究現況與展望, ≪중화권의 한국학 국제학술대회 논문집≫, 서울: 동덕여자대학교 한중미래연구소, 2018.

과는 무관하게 다음의 학자들은 대만의 한국학 발전에 지대한 공헌을
한 학자들이다. 대만의 제1세대 한국학 연구자로는 임추산(林秋山), 진
축삼(陳祝三), 엽건곤(葉乾坤), 이재방(李在方) 등을 들 수 있는데, 이
들은 후일 정치권에 들어가거나 해외 주재 문화참사관 등을 역임하게
되어 한국 연구를 더 이상 진행하지 못한 경우이다.

　제2세대 한국 연구 전문가로는 소신황(蕭新煌), 주립희(朱立熙), 주
송백(朱松柏) 등을 들 수 있다. 그중 소신황(蕭新煌)은 저명한 사회학
자로서 40여 년 동안 대만과 한국의 비교연구, 동아시아 연구의 맥락
에서 남한의 경험에 대한 연구를 진행했다. 주요 연구 성과로는 蕭新
煌, "Government Agricultural Strategies in Taiwan and South Korea: A
Macrosological Assessment, Institute of Ethnology", Academia Sinica,
Taiwan(1981); <美國的韓國硏究>, ≪韓國學報≫ 第1期, 頁177-189(1981);
<戰後南韓的土地改革政策: 鉅觀社會學的分析>, ≪韓國學報≫ 第2期,
頁1-20(1982); "East Asian Middle Classes in Comparative Perspective
(editor)", Taipei: Institute of Ethnology, Academia Sinica(1999); 西川
潤, 蕭新煌(合編), ≪東アジアの市民社會と民主化: 日本, 臺灣, 韓國に
みる≫, 東京: 明石書店(2007); 園田茂人, 蕭新煌合編, ≪チャイナ・リ
スクといかに向きあうか-日韓臺の企業の挑戰≫, 東京: 東京大學出版
會(2016); 蕭新煌, 金潤泰著, <福建臺商與山東韓商的比較>, ≪臺商與
兩岸關係硏討會論文集≫, 鄭赤琰, 張志楷 編, 頁111-132, 香港: 嶺南
大學族群與海外華人經濟硏究部(2000); 蕭新煌, 朴允哲著, <宏觀歷史
與社會政治轉型: 臺灣與南韓國家認同之比較>, ≪蕃薯與泡荣: 亞洲雙
龍臺韓經驗比較≫, 彭慧鸞 編, 頁22-39, 臺北: 財團法人亞太文化學術
交流基金會(2008) 등을 들 수 있다. 동시에 소신황은 대만의 한국 연

구 석박사 학위논문과 한국 연구 목록을 정리하여 대만의 한국 연구를 보급 발전시키는 참고서로 활용토록 제공했다.[42] 그는 중산계급, 시민 사회, 사회운동, 거시사회학 등의 영역에서 한국을 비교 대상으로 끌어들임으로써, 동아시아와 한국의 일반성과 특수성을 발견하고자 노력했다. 샤오신황 외에도 다수의 제2세대 학자들이 이와 같은 방식으로 다수의 한국 연구를 진행하고 있다.

제3세대 한국 전문가(현재 50세 이하)로는 곽추문(郭秋雯), 황장령(黃長玲), 왕은미(王恩美)를 들 수 있으며, 제4세대 한국 전문가(현재 40세 전후)로는 영가명(英家銘), 하산나(何撒娜), 동사제(董思齊), 진경덕(陳慶德) 등을 들 수 있다. 또한 한류 세대(현재 30세 전후)의 한국 전문가로는 미디어 방면의 양건호(楊虔豪), 작가로서의 왕운산(王韻珊), 북한 전문가 임지호(林志豪)를 꼽을 수 있다.

그 밖에, 대만에서 제일 처음 한국 연구로 이름을 낸 연구기구는 <中華民國韓國硏究學會>인데, 장존무(張存武), 진첩선(陳捷先), 호춘혜(胡春惠) 등 역사학자들이 1980년 발기하여 설립한 학회이다. 그러나 이들이 모두 한국어에 능통하지 못했기 때문에 한자 문헌을 통해서 근대사와 관련된 연구만을 진행할 수밖에 없는 한계가 있었다. 초창기 회원은 약 100명 정도였으나 일종의 동호회 형식이었다고 할 수밖에 없는 정도였다. 그러나 1950년대 이후 출생하고 한국 유학 경험을 갖고 있는 유학파 회원들이 가입하면서 비로소 비교적 전문성을 갖춘 학술단체로 성장하기 시작했다.

---

42) 蕭新煌, 陳明秀, ≪韓國硏究書目彙編≫, 臺北: 中央硏究院東南亞區域硏究計畫東亞資訊服務(1998); 蕭新煌, 陳明秀, ≪東南亞, 日本, 韓國硏究博碩士論文彙編≫, 臺北: 中央硏究院東南亞區域硏究計畫東亞資訊服務(1999).

다시 정리하자면, 대만의 한국 연구는 초창기에는 역사학자들이 주도하여 이끌었으며, 이들 대부분이 한국어를 구사할 줄 몰랐기 때문에 일정한 한계를 가지고 있었으나, 50년대 이후 출생하고 한국 유학 경험을 갖고 있는 학자들이 가입하기 시작하면서 대만의 한국 연구는 비로소 본격적으로 전문성을 갖춘 궤도에 진입하기 시작했다. 그뿐만 아니라 상대적으로 사회과학 영역의 연구 성과가 비교적 많은 편이고, 어문학 영역에서는 연구보다는 주로 어문교육에 치중하는 현상을 보여주고 있다. 그 밖에 보다 특징적인 것은 대만의 한국 연구학자 중 사회과학 영역의 연구자들은 대부분 일본 연구나 중국 연구 등 국제관계 연구의 맥락에서 한국을 연구한 학자들이라는 점이다. 이러한 특징은 한국 연구의 세계화라는 차원에서 더욱 적극적인 의미를 갖는 연구 경향이라 판단된다.

2. 주요 학술지

대만의 학술지 중 한국 연구 빈도수가 가장 높은 학술지는 ≪貿易週刊≫(275편), ≪亞洲週刊≫(266편), ≪韓國學報≫(168편), ≪臺灣經濟研究月刊≫(119편), ≪商業周刊≫(111편), ≪棋道圍棋月刊≫(105편), ≪數位時代≫(76편), ≪中國一周≫(74편), ≪問題與研究≫(66편), ≪藝術家≫(63편), ≪財訊≫(59편), ≪工業簡訊≫(56편), ≪臺灣經濟金融月刊≫(54편), ≪經濟前瞻≫(50편), ≪汽車購買指南≫(49편), ≪韓國研究≫(47편), ≪籃球雜誌≫(46편), ≪航運與貿易≫(46편), ≪典藏今藝術≫(39편), ≪國際金融簡訊≫(39편), ≪貿協商情周報≫(38편), ≪今日經濟≫(35편), ≪華僑經濟參考資料≫(34편), ≪財稅研究≫(31편), ≪全

球防衛雜誌≫(30편)의 순이다.

비교적 흥미로운 사실은, 비교적 많은 한국 연구를 게재하고 있는 학술지 중 수위를 차지하고 있는 ≪貿易週刊≫, ≪亞洲週刊≫, ≪臺灣經濟研究月刊≫, ≪商業周刊≫ 등은 순수한 학술지가 아닌 경제 관련 잡지에 더욱 가깝다는 점이다. 순수 학술지의 성격을 갖고 있는 학술지는 그중 ≪韓國學報≫, ≪問題與研究≫, ≪韓國研究≫, ≪經濟前瞻≫ 등을 꼽을 수 있겠다. 그러나 이 순수 학술지에 발표된 논문의 비중은 비학술성 잡지에 비해 비교적 적은 편이다. 이는 대만의 재계나 경제계 등 비학술성 단체와 인사들이 더욱더 한국의 경제 상황에 대해 관심을 갖고 연구한다는 사실을 의미한다.

≪韓國學報≫는 1980년 창설된 대만 내 대표적인 한국 연구 학회인 '중화민국한국연구학회'가 발간하는 학술지로서, 언어, 문학, 교육, 문화, 정치, 외교, 경제 등 한국과 관련된 인문사회 분야의 모든 연구 논문을 게재하고 있다. 2019년까지 총 36집이 발간되었다. 현재 대만 내 학술지 등급 분류에서 ACI(Academic Citation Index)의 등급을 확보하고 있는데, 이 ACI는 '대만과 홍콩에서 발행되는 중요한 인문사회 계열의 학술 논문'을 의미한다. 단순하게 비교하는 것은 무리가 있지만 ACI는 한국의 '일반학술지'에 해당한다.[43] 따라서 최상위 등급의 학술지로 보기에는 아직 미흡한 편이다. 대만에서 한국 관련 연구가 가장 많이 게재되는 전문 학술지가 아직 일반학술지 등급에 머문다는 것은 그만큼 대만 학계에서의 한국학의 위상이 크게 높지 않다는 것을 의미하는 것이기도 하다.

---

43) 이하나, 2010年 以後 臺灣에서의 韓國學 研究 傾向과 方向 -中華民國韓國研究學會의 ≪韓國學報≫ 수록 韓國語文學 및 韓國文化 關聯 論文을 中心으로-, ≪동아시아고대학≫ 57권, 2020, 44쪽.

中華民國韓國研究學會

韓 國 學 報

第 三十六 期

西元 2019 年 12 月

<그림 78> ≪韓國學報≫

　≪問題與研究(Issues & Studies)≫는 대만의 정치대학 국제관계연구소(政治大學國際關係研究所)에서 발행하는 계간 학술지로, 국제관계, 국제법, 국제조직, 외교정책, 비교정치, 지역연구, 국제정치경제 및 기타 국제발전 의제 등을 게재 범위로 하고 있다. 1956년에 창간되었을 당시에는 대만 당국의 브레인 기관인 '국제관계 연구회'의 보고서로서 비공개 상태였으나, 1961년부터 공개되어 지금에 이르고 있다. 2006년부터는 장기간 <대만 사회과학색인(Taiwan Social Sciences Citation Index, TSSCI)>에 수록되었으며, 2020년에는 TSSCI 최고 등급으로 인정받았고, 2017년과 2019년에는 국가도서관이 지정하는 <대만의 가장 영향력 있는 학술지>의 정치학 부문 1등을 차지했다.[44] 따라서 이 학술지에 게재된 한국 관련 연구 성과는 한국 관련 전문 학술지인 ≪韓國學報≫에 실린 연구 성과보다 훨씬 그 파급효과가 클 것으로 판단할 수 있다.

---

44) wenti.nccu.edu.tw/about.html (검색일: 2020년 3월 3일).

<그림 79> 《問題與研究(Issues & Studies)》

    《經濟前瞻》은 대만의 대표적 경제연구기관인 중화경제연구원이 발행하는 대표적 경제전문 학술지이다. 중화경제연구원은 1979년 대만과 미국의 외교관계 단절 이후 급격하게 변화하는 세계경제 상황에 대응하고 대만 경제의 안정적 발전과 지속 성장을 위하여 정부가 출자하고 민간 상공업계가 찬조하여 설립한 재단법인으로 3개의 연구소와 12개의 연구센터로 구성된 방대한 규모의 연구원이다. 이 연구원 발행의 《經濟前瞻》 역시 이러한 연구 규모를 반영하여 매호 대만경제, 중국경제, 국제경제, WTO논단, 지역경제논단, 산업전망 등 다양한 세션을 구성하고 있다. 대만경제 관련 최고의 학술지라 할 수 있다. 물론 이 학술지에 실린 한국 관련 연구 성과의 영향력 또한 지대하다 판단된다.

<그림 80> ≪經濟前瞻≫

3. 주요 학문 분야

대만의 학술D/B에서 제공한 2,800편의 한국 연구 성과 중 사회과학 분야가 1,634편으로 가장 높은 비중을 차지했다.[45] 그다음으로 응용과학(514편), 예술(164편), 언어 문자학(152편), 역사지리 총론(94편), 총론(83편), 철학(52편), 종교(39편), 자연과학(36편), 중국역사지리(34편)의 순으로 분포한다. 대만의 한국 연구는 사회과학 분야에서 가장 활발하게 생산되고 있음을 확인할 수 있다(<그림 81> 참조).

---

45) 2019년 11월 현재 대만의 D/B는 모든 소장데이터에 대한 학문 분야 분류가 완성되지 않은 상태이기 때문에 이미 분류된 제한적 데이터만을 가지고 분석할 수밖에 없는 한계가 있다.

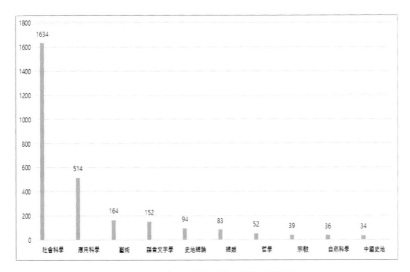

<그림 81> 대만의 한국 연구 학문 분야 분포

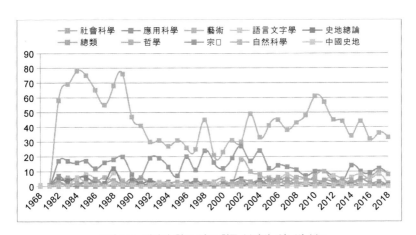

<그림 82> 대만의 한국 연구 학문 분야별, 연도별 분포

<그림 82>는 학문 분야별, 연도별 추이에 대한 분포도이다. 대만의
한국 연구 중 가장 활발하게 연구 성과를 내고 있는 사회과학 분야의

경우, 각 연도별 추이를 살펴보면 80년대에 가장 활발하게 연구 성과를 생산해 내고 있음을 확인할 수 있다. 80년대는 한국과 대만 모두 '아시아의 네 마리 용'으로 불릴 정도의 경제기적을 이룩하던 때였다. 따라서 상대국의 경제발전에 매우 큰 관심을 갖고 있던 시기였기 때문으로 해석된다. 그러나 1992년 대만과 한국의 단교 후에는 사회과학 분야에서의 한국 관련 연구 성과 역시 대폭 감소하게 된다. 그러나 사회과학 분야를 제외하고 타 학문 분야에서는 상대적으로 단교의 영향을 받지 않고 지속적으로 안정된 추세를 보여주었다.

다시 말하면, 대만과 한국 간 외교관계 단절의 영향은 사회과학 분야에 한정되었을 뿐 다른 학문 분야는 크게 영향을 받지 않았다는 것이다. 특히 문학, 역사, 철학을 포함한 인문학 분야의 발전은 정치외교적 환경의 변화에 크게 영향을 받지 않고 지속적으로 교류를 확대 심화시키고 있다는 점은 특기할 만하다. 이러한 추세는 향후 대만과 한국의 건강한 교류와 발전을 위해 중요한 시사점을 제공하고 있다.

4. '사회문화' 분야의 연도별 주요 핵심 주제

대만의 한국 연구 중 특히 사회과학 분야에서 가장 많이 출현하는 키워드는 대만, 한국, 연구, 비교, 중국, 일본, 정책 등이다. 이는 한국 혹은 중국의 정책, 대만의 정책을 상호 비교하는 논문이 많은 비중을 차지한다는 의미이다.[46] 그 밖에 역사 분야에서는 일본 제국주의, 식민

---

46) 대만에서 중국을 가리키는 명칭은 중공, 중국대륙, 중국 등 시기별로 다양하게 나타난다. 또한 대만의 국민당 명칭 역시 중국국민당이며, 중국 문화 역시 대만을 포함한 중국 문화를 포괄적으로 지칭한다. 따라서 '중국' 키워드의 다수 출현을 단지 국가 명칭으로서의 중국으로만 한정할 수 없다.

통치 및 근대사 관련 연구가 가장 많은 비중을 차지한다. 이는 한국과 유사한 역사적 경험을 갖고 있는 대만이 한국의 경험으로부터 시사점을 얻고자 하는 희망이 연구 경향에 반영된 결과로 판단된다.

여기에서는 '사회문화' 분야에 집중하여 각 시기별 사회문화 분야의 핵심 주제를 발굴하고, 핵심 주제의 형성에 관여된 연구자, 학술기관 및 학술지를 도출하는 기초를 제공하고자 진행했다.

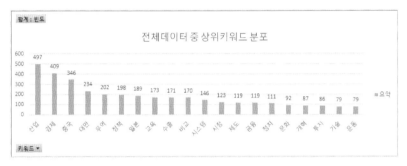

<그림 83> 상위 키워드 분포

전체 데이터 중 빈도수 상위 20위까지의 키워드 분포에서 사회문화 분야로 추정할 수 있는 키워드는 '교육'과 '문화'인데, 전체 키워드 분포에서 차지하는 위상은 '경제' 관련 키워드 다음으로 중요한 위치를 차지하고 있다고 볼 수 있다. 앞서 연도별 주요 키워드 거시 분석에서도 확인했듯이 70, 80년대를 거쳐 90년대, 2000년대까지 대만 한국학의 주요 관심 주제는 경제였다.

그러나 2000년대 중반에 들어서면서 경제적 주제 외에도 교육, 문화, 한류 등과 같은 사회문화 분야의 다양한 주제에 대한 관심이 빠르게 증가하고 있음을 확인할 수 있었다.

필자는 보다 상세한 내용분석을 위해 추가적으로 해당 시기의 논문 제목에서 명사형 키워드를 모두 추출해 빈도분석을 진행했다. 그 결과는 아래와 같다.

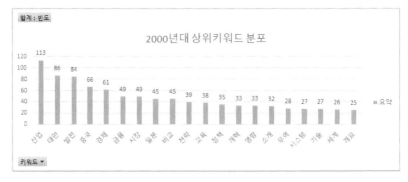

<그림 84> 2000년대 상위 키워드 분포

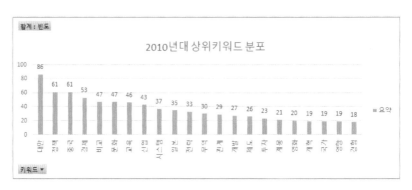

<그림 85> 2010년대 상위 키워드 분포

여기에서는 사회문화 분야의 하위분류 키워드로 '사회', '문화' 및 '교육'을 설정하고 이 범주에 해당하는 연구 성과를 집중 분석하기로 했다. 물론 문화의 범주 안에 영화, 방송 등 미디어 매체도 포함시켰다.

1) 1950년대

대만의 학술성 한국 연구는 1950년대에 시작되었다.[47] 1950년대에는 한국전쟁이 있었기 때문에 한국전쟁과 관련된 키워드가 많이 출현하였다. 대부분의 논문에서는 한국전쟁, 토지개혁, 석탄산업, 한국문화 등 한국전쟁과 한국의 개황에 대한 논술이 대종을 이루었다. 예를 들면, 黎元譽(1950), <한국전쟁 발발 후의 국제정세(韓國戰爭爆發後之國際形勢)>; 黃定國(1951), <경제무역 투자 동태 및 분석-남한(經貿投資動態與分析-南韓)>; 全漢昇(1951), <한국전쟁과 원동경제(韓國戰爭與遠東經濟)>; 慧吉祥(1955), <한국 불교 개황(韓國佛敎槪況)>; 顔滄海(1956), <한국의 석탄업 사정(韓國的煤業事情)> 등 한국전쟁과 한국의 개황에 대한 논문이 주를 이루었다.

1950년대 사회문화 분야의 연구 성과 역시 개황적 논술이 주가 된다. 작자 미상의 <한국의 교육현황(韓國敎育現況)>, ≪敎育與文化≫(1958); 陳以令, <한국의 화교교육 문제(韓國華僑敎育問題)>, ≪華僑敎育≫(1958); <한국 신문사업사 개관>; <한국 문화와 생활> 등과 같이 한국의 일반적 교육 상황, 재한 화교교육, 문화 상황, 언론 상황 등에 대한 개괄적 소개를 주로 하고 있다.

2) 1960년대

1960년대에는 특별히 경제무역, 농지개혁, 한국 철도 등 경제개발 초기 단계에서의 인프라 건설에 초점을 맞춘 논문들이 다수 출현했다.

---

47) 대만의 검색 조건란에는 일반성 연구와 학술성 연구로 구분되어 있다. 본 연구에서는 일반성 연구는 연구 대상에서 제외하고 학술성 연구에 국한하여 분석을 진행했다.

대표적인 논문들로는 段維(1960), <각국 원자력 발전 계획(20)-한국(各國原子能發電計劃(20)-韓國)>; 李文(1960), <남한 정변과 미국관계(南韓政變與美國關係)>; 馮世範(1962), <남한의 신경제조치(南韓的新經濟措施)>; 盧堅(1963), <남한 전력의 소개(南韓電力的簡介)>; 戴照煜(1964), <남한 경제 현황(韓國經濟現狀)>; 謝發榮(1967), <한국 철도의 현황과 장래(韓國鐵路之現況與將來)>; Pak, Ki Hyuk(1968), <대한민국 농지개혁의 경제효과(大韓民國農地改革的經濟成效)>; 顧炳榮(1969), <한국의 도로건설(韓國之公路建設)> 등을 들 수 있다.

사회문화 분야의 경우, 1950년대와 마찬가지로 개황 소개가 대부분을 차지한다. <한국의 교육>; <한국교육개요>; <한국의 라디오와 텔레비전>; <한국 국악 악기>; <한국 음악사>; <세계 각국 신문업 평의회 소개>와 같이 일반적 교육 상황, 일반적 사회문화에 대한 개괄이 주를 이룬다. 비교적 특별한 것은 <한국의 유교와 성균관대학교>; <한국 아카데미와 유교>; <한국유교의 역사>; <한국의 공자학>과 같이 한국 유교에 대한 관심, 그리고 <한국의 해외 중국어 교육>, <한국 과학교육에 대한 지식>, <한국 화교사회 발전과 직업교육> 등 직업교육에 대한 관심도 점차 나타나고 있다는 점이다.

3) 1970-80년대

1970-80년대의 대만은 한국과 마찬가지로 경제개발에 국가적 총력을 기울였던 시기이다. 따라서 상대국의 경제발전 정책에 대해 많은 관심을 가졌음을 미루어 짐작할 수 있다. 이를 반영하듯이 경제개발에 대한 논문이 주를 이루는데, 60년대 인프라 건설에 초점을 맞춘 경향과

는 달리 본격적인 경제발전과 산업정책에 많은 관심을 두고 있었다. 대표적인 연구로는 廖啓川(1970), <한국 제2차 경제발전 계획 개요(韓國第二期經濟發展計劃槪要)>; 簡潤芝(1970), <전체 한국인의 경제건설을 위한 투쟁(韓國上下爲經濟建設而戰)>; 應昌期(1971), <한국의 모방직 산업 개요(韓國毛紡織業槪述)>; 王文雄(1971), <한국 경제 분석(韓國經濟分析)>; 陳鏘(1972), <한국의 공업발전과 투자근황(韓國的工業發展與投資近況)>; 渡盦(1976), <한국이 진행하기로 결심한 신경제개발5개년 계획의 전망(韓國決心推行新五年經濟開發計劃之展望)>; 楊立華(1983), <한국과 주요 경쟁국가의 수출구조 비교(韓國與主要競爭國家出口結構之比較)>; 金克宜(1989), <한국 산업정책의 전망(韓國産業政策之展望)> 등을 들 수 있다.

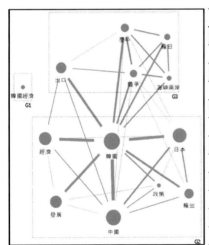

韓國	993
中國	119
日本	82
經濟	44
發展	34
出口	33
輸出	32
産品	30
競爭	28
輸日	23
海峽兩岸	22
韓國經濟	21
政策	21

<그림 86> 1980년대 키워드 분포도

사회문화 분야에서는 이전 시기와는 달리 1970년대에 들어서면서 보다 구체성을 띠기 시작한다. 교육의 경우, <한국 고등교육 개혁>; <한국 중등교육 개혁>; <한국교육문화의 특색>; <한자폐지와 유지>; <한국과 일본의 가정교육>; <한국 교육용 기본한자 선정>; <기독교와 한국교육>; <한국 도덕교육 현황 검토>; <한국 초중등학교 발전방안>; <한국대학입시> 등과 같이 한국 교육의 구체적 상황을 이해하고자 하는 연구가 진행되었다.

또한 경제개발과 더불어 과학교육과 직업교육에 대한 관심을 바탕으로 한국의 직업교육 현황을 알아보고 참고하고자 하는 시도도 연구 성과에 반영되었다. 예를 들면, <한국 과학교육 현황과 대학교육의 개선>; <한국 고등 섬유 공학 교육의 급속한 발전>; <한국의 과학교육 발전 소개>; <한국 직업훈련제도 및 기술인력 시험제도>; <일본과 한국의 학교 보건교육에 관한 조사 보고서>; <한국의 직업훈련제도 및 기술자 고시제도>; <한국 노동자입법 및 근로기준법>; <일본의 직업훈련제도와 한국 국제기술경쟁 조사보고서> 등 과학과 직업훈련에 관한 관심이 이전 시기에 비해 훨씬 증가했음을 확인할 수 있다.

1970년대 사회 및 문화 관련 주제 역시 이전 시기에 비해 훨씬 다양하고 구체적이다. <한국과 일본의 교육문화 비교>; <한국의 방송 및 텔레비전 사업>; <한국 문화사회에서의 단군신화의 위치>; <한국 잡지의 발전사>; <유교가 한국문화에 미치는 영향>; <한국 민족의 구성>; <한국의 중화문화>; <한국의 여씨 향약>; <한국 공자묘 제례악>; <한국 인구조사 보고서 분석>; <한국 신문업계의 동남아관>; <한국 70년대 문학>; <한국의 노조조직과 활동 개황>; <한국 민족문학의 또 다른 면>; <한국의 민족성>; <유가의 한국문화에 대한 영향>; <한중관계로 본 한

국인의 대외인식>; <한국학 연구의 실태 보고>; <한국의 민속화>; <한국불교 사상사>; <기독교와 한국교육>; <한국 서예의 분파>; <한국의 고대예술>; <주자학의 한국 유행>; <유학의 한국 조선시대 국교화의 과정>; <한국의 노사관계>; <한국의 중추절>; <한국의 노사쟁의 조정법 소개>; <한국민화>; <한국 무용> 등 한국문화 예술의 다방면에 걸친 폭넓은 이해를 시도했다고 판단된다.

1980년대 역시 70년대와 마찬가지로 구체적이고 다양한 주제의 연구 성과들이 생산되었으며, 비교적 특징적인 것은 한국의 민주화와 학생운동, 노동복지, 사회복지 관련 주제가 증가했다는 점이다. 1987년 대만의 계엄 해제와 민주화의 시작, 한국의 노동운동, 학생운동 등 민주화 운동의 발전이 해당 분야에 대한 관심 증가의 계기가 되었을 것이다.

<80년대 한국교육 및 교사이미지>; <한국 미술교육의 과거와 현재>; <한국의 교권과 교직윤리>; <한국의 학교교육>; <한국의 사범교육제도> 등 교육 관련 주제와 더불어, <한국 직업훈련 실시 현황>; <직업훈련 추진: 한국 경험의 회고>; <한국 직업훈련제도의 탐구>; <한국 직업교육과 훈련의 근황> 등 직업교육과 직업훈련에 대한 연구는 70년대와 크게 다르지 않다.

그러나 80년대에 들어서 <한국의 사회복지제도>; <한국노인복지 연구>; <한국학생 운동의 성공요인과 그 영향>; <한국 노인의 사회적 역할>; <한국의 의료보험제도>; <한국 여성가장 가정의 문제와 보호대책>; <한국 노인복지의 특징과 추세>; <한국 인구조절정책>; <한국 학생운동과 한국정국>; <한국 학생운동의 이데올로기와 혁명이론>; <대만과 남한의 노동운동 비교>; <한국의 사회복지정책> 등 학생운동, 노

동운동, 사회복지, 여성문제 등 사회 관련 주제들이 대거 출현했다.

4) 1990-2000년대

1990년대와 2000년대 역시 경제 분야에 대한 연구가 많이 생산되는데, 그중에서도 금융위기와 관련된 키워드가 특히 많이 출현했다. 이는 당시 한국이 두 차례의 금융위기에 직면했고, 이에 대응한 정부의 정책 대응에 관심을 많이 가졌기 때문으로 해석된다. 예를 들면, 連文杰(1993), <한국 반도체 공업 연구(透析韓國半導體工業)>; 葉明峰, 吳家興(1998), <한국 금융위기 분석(韓國金融風暴分析)>; 經濟部投資業務處(1998), <남한 금융위기의 대대만 경쟁력 영향과 기회(南韓金融風暴對我競爭力之影響與機會)>; 李慧珠(2000), <금융위기 이후 한국 금융구조 개혁의 연구(金融危機以後韓國金融結構改革之研究)>; 蔡增家(2005), <97년 금융위기와 남한 정치경제 체제의 변화: 발전국가론을 뛰어넘어서(九七金融風暴與南韓政經體制的轉變: 超越發展國家論)>; 吳家興(2009), <한국 금융개혁과 대만에 대한 시사점(韓國金融大改革及其對我國之啓示)> 등 금융위기와 관련하여 한국에 미친 영향 및 한국 정부의 대응, 대만에 대한 시사점 등에 많은 관심을 보였다.

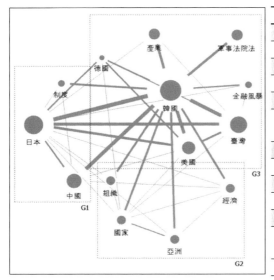

韓國	444
日本	55
臺灣	28
中國	23
美國	17
産業	9
軍事法院法	9
亞洲	8
經濟	8
組織	8
國家	8
制度	7
金融風暴	7
德國	6

<그림 87> 1990년대 키워드 분포도

이 시기 사회문화 분야의 경우, '교육 정보화', '평생교육'과 '언론자유', '한류', '디지털 미디어', '문화산업' 관련 주제들이 눈에 띄게 증가한다. <한국 공예/과학기술교육 연구>; <한국 초중등 정보통신 교육의 현황과 전망>; <한국 도서정보학 전문교육 개술> 등 교육의 정보화 관련 논문을 비롯하여, <한국 평생교육의 현상 및 발전방향>; <한국 평생교육법 초안 및 평생교육 개혁조치 소개>; <한국의 학점은행제도 연구>; <한국의 평생교육체계 연구> 등 평생교육에 대한 연구 성과, 그리고 <한국 언론자유 전환과정의 진통: 한겨레신문의 예>; <남한 디지털 방송 개황>; <90년대의 한국영화>; <현대 한국 희극활동의 변화>; <한류 연구>; <한국 언론 미디어 사업 발전 개황>; <타산지석: 한국 문화산업 발전 및 그 성공요인의 분석>; <문화창의산업의 가치 전송체계-

한국의 영화산업의 예> 등 언론 미디어, 문화산업 관련 주제들이 눈에
띄게 증가한다.

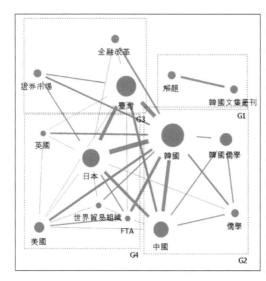

韓國	477
臺灣	64
日本	60
中國	38
韓國儒學	14
美國	10
韓國文集叢刊	8
解題	8
證券市場	8
金融改革	8
儒學	8
世界貿易組織	7
英國	7
FTA	7

<그림 88> 2000년대 키워드 분포도

이뿐만 아니라, 90년대에는 본격적으로 사회민주화 관련 주제들이
대거 출현한다. 80년대 말 대만의 계엄이 해제되고, 90년대 초부터 본
격적으로 시작한 대만의 민주화 운동과 사회개혁이 학계의 관심을 한
국의 민주화 과정에 대한 이해로 인도했을 것이다. 대만과 유사한 경제
발전 과정을 경험한 국가이며 동시에 민주화 운동이 먼저 시작된 국가
의 경험이 필요했던 것이다. <한국 언론 개혁>; <권위주의 국가와 텔레
비전: 대만과 남한의 비교>; <당대 한국여성의 정치참여와 사회활동에
대한 연구>; <한국 농민NGO의 성장 및 한국정부와 WTO의 투쟁>;

<한국 여성권익의 법제화> 등 한국의 민주화 경험을 참고하고자 하는 연구 성과들이 증가한다.

5) 2010년대

2010년대 역시 2000년대에 이어 경제적 주제 외에도 교육, 문화, 한류 등 다양한 영역에서 다양한 관심을 보여주고 있다. 예를 들면, 張寅成(2010), <고대 한국의 도교와 도교문화(古代韓國的道敎和道敎文化)>; 李憲榮(2010), <남한 대통령 선거제도(南韓總統的選擧制度)>; 游娟鐶(2011), <한국 문화정책 중 "한국어 세계화"의 추진과 전망(韓國文化政策中"韓語世界化"的推動與展望)>; 陳長源(2012), <한국 문화 창신 산업의 탐구(韓國文化創意産業之探討)>; 李明璁(2015), <한국 유행 음악의 시각성, 신체화 및 성별공연: 소녀시대의 MV생산과 소비전용의 예(韓國流行音樂的視覺性, 身體化與性別展演: 以"少女時代"的MV産製和消費挪用爲例)>; 王恩美(2018), <학교교육 중 전통윤리의 계승과 개량-1970년대 한국 중등학교 도덕교육 중심 분석(學校敎育中對"傳統倫理"的繼承與改良--以一九七〇年代韓國中等學校"道德敎育"爲中心的探討)> 등 다양한 영역과 분야에서 다채로운 주제의 논문들이 출현하고 있다.

사회문화 분야의 경우, 2000년대에 이어 '평생교육', '특수교육' 등이 교육 관련 주제 중 핵심 주제로 등장했으며, 사회 분야에서는 '저출산'과 '다문화' 관련 주제, 문화 분야에서는 '한류'와 '문화 창의 산업' 관련 주제가 지속적으로 생산되고 있다.

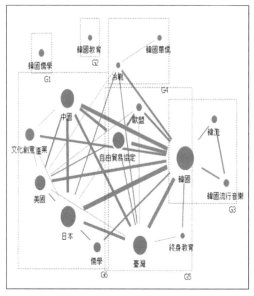

韓國	300
日本	44
中國	35
臺灣	35
自由貿易協定	30
美國	14
文化創意産業	10
儒學	8
韓國儒學	7
歐盟	7
韓流	7
韓國流行音樂	7
終身教育	6
冷戰	6
韓國華僑	6
韓國教育	6

<그림 89> 2010-2017년 키워드 분포도

교육 분야에서는 <한국 평생교육 도시의 발전>; <한국 평생교육 추진체계와 실시기제>; <공공부문의 디지털학습의 추진과 발전: 한국의 경험>; <남한의 교사 양성제도 분석>; <한국의 직업교육>; <한국의 과학고등학교 보고서>; <한국의 특수교육교사 양성과정과 현황>; <한국과 대만의 평생교육 비교>; <한국의 과학엘리트 교육>; <한국의 고등학교 평준화 정책>; <대만과 한국의 국제교육의 전망>; <한국 디지털 인문교육의 현황과 과제> 등 평생교육과 특수교육에 대한 연구가 다수 등장했다.

사회 분야에서는 <한국 민족주의의 현재: 종족성 민족주의와 다문화주의의 도전>; <한국의 저출산 대응조치 연구> 등 다문화와 저출산 관련 주제가 등장하기 시작했고, <한국 문화창의 산업 추진의 동향 연구>; <한국 매체 공간의 특수성>; <사적자본의 절제, 공공책임의 보호: 남한 방송체제의 변화>; <아리랑의 견지와 도약: 한국문화유산 전승전략>; <한국의 문화정책>; <한국의 문화창의산업 연구>; <한국의 유행음악 및 엔터테인먼트 회사의 정치경제분석>; <한국 영화의 해외시장 개척과정 분석: 국제합작영화의 예>; <한국 유행음악의 시각성 연구> 등 한국의 문화창의 산업과 한류에 대한 연구 성과들이 다수 출현하고 있다.

정리하자면, 대만의 한국 연구는 다음과 같은 특징을 가지고 있다. 우선, 시기별로 한국에서 벌어진 두드러진 현상 및 주요 이슈에 대하여 관심을 갖고 연구를 진행했으며, 분석 결과를 대만의 상황과 비교 분석함으로써, 타국의 경험을 본국에서 유용한 시사점으로 활용했다는 점을 들 수 있다. 다음으로, 대만은 중국이나 일본 등 주변 국가와의 비교를 통해 한국만이 갖고 있는 특징을 발현, 파악하려고 노력했다는 점을 들 수 있다. 대만과 한국은 유사한 역사적 경험과 경제발전 과정을 경험한 나라다. 따라서 상대국이나 주변국과의 비교를 통해 본국의 문제를 해결하는 동시에 미래 발전에 참고하고자 하는 희망이 연구 경향에 반영되고 있다고 판단할 수 있다.

5. '사회문화' 분야의 주요 학술지, 연구자 및 학술기관

사회문화 분야에서 비교적 많은 한국 관련 연구 성과를 생산하고 있는 주요 학술지로는 우선 일반 사회 분야의 전문 학술지인 ≪臺灣社會研究季刊≫을 들 수 있는데, 이 학술지는 1988년 창간된 대만의 사회학계에서 가장 높은 영향력을 갖춘 저명 학술지이다. 사회복지 분야에서 저명한 학술지로는 ≪社區發展季刊≫을 들 수 있으며, 노동 분야에서는 ≪中國勞工≫과 ≪臺灣勞工季刊≫, ≪就業與訓練≫, 언론 분야에서는 ≪新聞學研究≫, 문화 분야에서는 ≪儒敎文化研究≫, ≪文化越界≫, 예술 분야에서는 ≪藝術家≫, 교육 분야에서는 ≪臺灣敎育≫, ≪敎育與文化≫, ≪敎育研究月刊≫, ≪敎育資料集刊≫, ≪中華民國比較敎育學會比較敎育通訊≫, 그리고 평생교육 전문 학술지로 ≪成人及終身敎育≫을 꼽을 수 있다. 그중에서 ≪臺灣敎育≫은 1952년 창간되어 2018년에는 전자문서로 출판 형태를 전환시킨 대만 교육계의 대표적인 격월간 학술지이다.

위에서도 확인되듯이 사회문화 분야의 한국 관련 연구 성과는 사회학계, 언론학계, 문화학계, 교육학계 등 각 전문 분야의 주요 학술지에 고르게 분포한다. 물론 이 밖에 한국 전문 학술지인 ≪韓國研究≫ 및 ≪韓國學報≫에도 사회문화 분야의 연구 성과들이 다수 게재되었다. ≪韓國學報≫는 1981년에 창간되어 지금까지 지속적으로 한국 관련 연구 성과를 생산하고 있는데, ≪韓國研究≫는 1984년부터 1990년까지 활발하게 한국 관련 연구 성과를 생산했다.[48] 그 밖에 아시아 태평양 지역의 주요 의제를 다루는 ≪亞太研究論壇≫은 대만의 중앙연구원 아시아태평양연구센터(亞太研究中心)에서 발간하는 학술지로 그 학술적 영향력이 적지 않다.

앞서 제2절에서 소개한 바와 같이, 전체 대만의 한국 연구 대표 학자로는 대부분 정치외교, 경제 등을 전공한 사회과학자와 어문학자들이다. 그중에서 사회문화 분야의 대표적 학자로는 사회 분야에서는 소신

---

48) 1990년 이후 생산된 자료를 찾을 수 없고, 관련 정보 역시 찾을 수 없는 것으로 미루어 짐작할 때, 이미 폐간된 것으로 추정된다.

황(蕭新煌)과 주립희(朱立熙)를 들 수 있는데, 소신황은 저명한 사회학자로서 40여 년 동안 대만과 한국의 비교연구, 동아시아 연구의 맥락에서 남한의 경험에 대한 연구를 진행했다. 주립희는 기자 출신으로 한국의 민주화 운동을 비롯하여 다수의 한국 관련 저작을 생산한 대표적인 지한파(知韓派)이다.

화교 연구로는 왕은미(王恩美)가 가장 대표적인 학자인데, <중한우호조약 체결과정 중의 한국 화교문제(「中韓友好條約」 簽訂過程中的 「韓國華僑問題」(1952-1964))>, ≪人文及社會科學集刊≫(2011); <냉전 체제하 한국 화교의 이중 반공문제(冷戰體制下韓國華僑的 「雙重」 反共問題(1950-1970年代))>, ≪國史館館刊≫(2017) 등 다수의 화교 관련 연구를 발표하고 있다.

문화 분야에서는 최근 문화산업에 대한 연구가 가장 활발한데, 대표적인 학자로는 국립정치대학 한국어문학과의 곽추문(郭秋雯)을 들 수 있다. 대표적인 저작으로는 <한국의 문화 창의산업 추진 동향에 대한 연구(韓國推展文化創意產業動向之探究)>, ≪文化越界≫(2010); <한국 문화 창의 산업 정책과 발전(韓國文創產業的政策與發展)>, ≪臺灣工藝≫(2011); <한국 관광 공연의 성공요인 분석(韓國觀光公演成功因素之分析--以「JUMP」爲例)>, ≪外國語文研究≫(2013) 등 한국의 문화산업과 관련된 다수의 저작을 생산하고 있다. 하산나(何撒娜)는 청년 학자로 <한식의 세계화: 한국음식과 국가브랜드 형상화 및 상상(韓食世界化: 韓國飲食與國家品牌的塑造與想像)>, ≪中國飲食文化≫(2017)를 비롯하여 다수의 한류 관련 연구 성과를 발표하고 있다.

한국의 평생교육을 연구한 학자로는 기영화(奇永花)가 대표적이다. 그는 <한국의 학점은행제도-성인학습 개방의 고등교육정책(韓國的學分

銀行制度--開放成人學習的高等敎育政策)>, ≪成人敎育≫(2002); <한국 평생교육 도시의 발전(韓國終身敎育城市的發展)>, ≪成人及終身敎育≫(2010)을 비롯하여 다수의 평생교육 관련 저작을 생산하고 있다.

피인용 횟수가 비교적 높은 왕가통(王家通)(2005) 역시 교육 분야의 대표 학자이다. 그는 <일본과 한국의 초중등 교육의 특색(日本, 韓國中小學敎育的特色)>, ≪敎改通訊≫(1995); <대만, 한국, 일본의 대학입학제도 비교연구(我國與日本, 韓國之大學入學制度比較硏究), ≪敎育學刊≫(2005) 등 교육 관련 논문을 다수 발표하고 있다.

한국 관련 연구를 진행하고 있는 학술연구기관은 ≪韓國學報≫를 발행하고 있는 한국 전문 학회로서 1980년 역사학자들이 중심이 되어 설립하고 지금까지 활발한 연구활동을 집적해 내고 있는 <中華民國韓國硏究學會>를 들 수 있다. 또한 아시아 태평양 지역의 주요 의제를 다루는 ≪亞太硏究論壇≫을 발행하고 있는 대만 중앙연구원 아시아태평양연구센터(亞太硏究中心) 역시 학술적 영향력이 적지 않은 학술기관이다. 그 밖에 노동문제, 직업훈련 및 평생교육문제, 언론 미디어 등 주요 핵심 주제를 생산하고 있는 다수의 학술기관들은 모두 한국을 전문으로 연구하는 기관은 아니다.

한국 관련 학과가 설치되어 있는 대학은 또 다른 의미의 주요 한국학 생산기지이다. 물론 한국어를 교육하는 교육기관에서 가장 활발하게 한국 관련 연구를 생산한다고는 할 수 없지만, 한국 연구자들이 비교적 집중된 곳이 대학이기 때문이다. 대만의 대학에서는 교양과정에 한국어를 설치하는 곳이 해마다 증가하고 있고, 고등학교 과정에도 제2외국어로 한국어를 설치하는 고등학교가 증가하고 있다.[49] 한류의 영향으로 많은 대만의 청소년들이 한국어를 선호하기 때문인 것으로 해석된다.

대만의 한국어 교육기관은 총 205개로 한국어 전공을 설치하고 있는 대학이 3개교, 교양과정에 한국어를 개설한 대학이 13곳, 대학부설 일반인 대상 어학센터가 20곳, 제2외국어로 한국어를 지정한 고등학교가 52곳, 지역문화센터 36곳, 일반 사설학원이 31곳 등이다.[50]

그중에서 한국어과가 설치되어 있고 다수의 한국학 연구자가 소속되어 있는 대학으로는 국립 정치대학(政治大學), 문화대학(文化大學), 국립 고웅대학(高雄大學)을 들 수 있고, 정치대학과 문화대학에는 석사과정도 개설되어 있을 정도로 활발하다. 가장 오랜 역사를 자랑하고 있는 정치대학은 한국어 교육뿐만 아니라 문학, 정치, 경제, 문화 콘텐츠 등 한국학 관련 교과목이 다양하게 개설되어 있다. 문화대학은 사립대학으로서 정치대학과 더불어 한국학 인재의 산실 역할을 해오고 있다. 다만 주로 한국어 교육과 한국문학에 경도되어 있는 점이 정치대학과는 다른 점이다. 고웅대학은 한국어과가 아닌 동아시아어문학과를 설립하여 일본어 트랙, 베트남어 트랙과 함께 운영되고 있다. 2008년에 설립된 신생 학과이지만 한국의 다수 대학과 국제교류를 진행하는 등 발 빠르게 발전을 꾀하고 있다.

최근 한류의 영향으로 한국의 대중문화를 이해하고자 대만의 대학에서도 대중문화에 대한 연구와 교육을 증가시키고 있긴 하지만 여전히 언어교육에 치중하고 있는 점이 한계로 지적된다. 향후 보다 많은 한국학 연구와 연구자가 양성되어 교육에 접목되어야 하는 과제가 남아 있다.

---

49) 박병선, 대만의 한국어 교육과 문화 교육, 《국제한국어교육학회 국제학술발표논문집》, 2017, 405쪽.

50) 박병선, 대만에서의 한국어 교원 실태와 전문성 제고 방안, 《국제한국어교육》, 2016, 132쪽.

제3절 대만의 한국학

본 연구는 대만의 한국 연구 경향에 대한 관찰을 통해 대만과 한국의 학술 교류의 상황을 분석하고 양국 간 학술 교류의 의미와 미래 발전 방향을 탐색하는 데 그 목적을 두었다. 또한 한국학의 세계화의 건강한 발전을 위한 정책 시사점을 얻고자 노력했다.

대만의 한국 연구는 다음과 같은 특징을 가지고 있다. 우선, 한국의 대만 연구와 비교해서 대만의 한국 연구는 비교적 늦게 시작되었다. 한국의 대만 연구는 1929년에 최초의 연구가 발표된 데 비해, 대만의 한국 연구는 1950년에 최초의 연구가 발표되었다. 다음으로, 대만과 한국 양국 간 단교 이전에는 대만의 한국 연구가 지속적으로 성장하였으나, 단교의 영향으로 1990년대에는 급속도의 감소 추세를 경험했다. 한국의 대만 연구가 지속적으로 성장하는 추세와 비교할 때, 대만의 한국 연구는 정치외교적 환경 변화에 비교적 민감하게 작용했다는 것을 확인할 수 있었다.

초창기 대만의 한국 연구에서 비교적 중심을 이루는 오피니언 리더는 한국어를 잘하지 못하는 역사학자들이었다. 그러나 50년대 이후 출생하고 한국 유학 경험이 있는 학자들이 가입하면서 대만의 한국 연구는 비로소 전문성을 띤 본궤도에 진입하기 시작했다. 또한 사회과학 분야의 연구 성과가 비교적 많은 반면, 어문학 분야에서는 연구보다는 비교적 한국어 교육에 치중하는 경향을 보였다. 비교적 특별한 점은 사회과학 분야의 연구에서도 독자적 한국 연구에 치중하기보다는 일본 연구, 중국 연구 등 주변 국가에 대한 연구 및 국제관계의 맥락에서 한국을 연구하는 경향이 비교적 짙다는 점이다.

한국과 관련되는 연구가 비교적 많이 게재된 학술지 중 수위를 차지하는 학술지는 대부분 경제 방면의 비순수 학술적 잡지였다. 순수 학술지에 발표된 논문보다는 비순수 학술지에 발표된 문장이 많다는 점은 대만의 재계나 경제계 등 비학술성 단체와 인사들이 한국의 경제 방면에 대해 더욱더 많은 관심을 갖고 있다는 점을 보여주는 것이다.

상기한 바와 같이 주요 학술 분야는 역시 사회과학 분야의 연구가 가장 활발했다. 특히 80년대의 학술연구 성과가 가장 뚜렷하였으며, 1992년 대만과 한국 간의 단교의 영향으로 잠시 정체되었으나 2000년 이후에는 다시 회복하는 추세를 보여주었다. 이에 비해 문사철 등의 인문학 분야에서는 단교의 영향을 받지 않고 꾸준한 증가 추세를 보여주었다.

주요 키워드를 통해 분석해 볼 때, 대만의 한국 연구는 시기별로 한국에서 벌어진 두드러진 현상 및 주요 이슈에 대하여 관심을 갖고 연구를 진행했으며, 분석 결과를 대만의 상황과 비교 분석함으로써, 타국의 경험을 본국에서 유용한 시사점으로 활용했다는 점이 특징적이다.

또한 대만은 중국이나 일본 등 주변 국가와의 비교를 통해 한국만이 갖고 있는 특징을 발현, 파악하려고 노력했다는 점 역시 특징적이었다.

　대만과 한국의 상대국에 대한 연구는 국제환경의 요인, 대만과 한국 관계의 변화와 밀접한 관련을 갖고 발전해 오고 있다. 비록 1992년 단교의 영향으로 일정 기간 침체기를 맞기도 했지만 상호 간의 관심과 연구는 꾸준히 증가되어 가고 있다. 연구 성과의 축적은 양국 간 건전한 발전을 위해 대체할 수 없는 방향타가 될 수 있다. 따라서 사회과학 분야만이 아니라 보다 다양한 분야에서 다채로운 주제로 상대국을 이해하고자 하는 노력과 관심이 더욱 기대된다 할 것이다.

제5장

결론 및 정책적 함의

제1절 중국과 대만의 한국학 연구동향 비교

　본 연구는 중화권 지역의 한국학, 특히 사회문화 영역에서 한국학 '지식체계'가 어떻게 형성되어 왔고 이것이 어떠한 주체(개인 연구자와 연구기관)와 연결고리를 통해 생성, 전파, 공유되었는지에 대해 '거시적, 미시적' 지형도를 파악하는 데 그 목적을 두었다. 이를 위해 하위분류로 사회, 문화, 교육 분야를 구분하여 분석을 진행했다.

　사회 분야의 키워드 빈도, 동시 출현 분포, 연결망 분포와 군집 분포에 대한 분석을 종합하여 지식 구조와 의미를 도출한다면 다음과 같다. 첫째, 중국의 지식계에서는 한국의 기업과 기업경영과 관련하여 특히 한국의 직업훈련과 인재 양성 교육의 경험을 시사점으로 삼아 중국의 개혁개방 추진의 정책 참고를 삼고자 하는 중국 정부의 의지를 적절히 반영하는 논문을 생산하고 있다. 둘째로, 한국의 인구구조와 인구노령화에 대해 관심을 가지고 활발하게 연구를 진행하고 있다는 점을 확인할 수 있었다.

문화 분야의 키워드 빈도, 동시 출현 분포, 연결망 분포와 군집 분포에 대한 분석을 종합해 정리하면, 문화 분야에서는 다른 하위 분야에 비해서 비교적 집중된 지식 구조와 의미를 도출할 수 있었다. 즉, 한국의 신문, 잡지, 예능 프로그램 등 문화산업의 특징과 문화산업의 발전 경험을 참고하여 중국의 문화산업 발전을 제고하고자 하는 중국 정부의 의지를 적절히 반영하고 있다는 점을 확인할 수 있었다. 한류의 열풍이 중국을 강타하면서 실제로 중국 정부는 한국의 문화산업 발전 경험을 매우 중시하고 이를 학습하여 중국의 문화산업 부양정책을 성공적으로 추진하고자 했다.

교육 분야의 키워드 빈도, 동시 출현 분포, 연결망 분포와 군집 분포에 대한 분석을 종합해 보면, 키워드 빈도의 수위와는 다르게 동시 출현 분포나 연결망 분포, 그리고 군집분포에서 다음과 같은 군집이 모두 최상위에 분포함을 확인할 수 있었다. 즉 1992년 이전에는 조선(북한)의 사범학교 교육에 관련된 키워드, 그리고 1992년 이후에는 한국의 직업교육 관련 키워드 군집과 유학 관련 키워드 군집이 수위를 차지하는 군집이었다.

1992년 이후 한국의 직업교육과 관련된 키워드 군집이 수위를 차지하는 이유는 중국의 개혁개방 후 시장경제 체제에 적응할 수 있는 직업교육이 절실했기 때문에 한국의 발전 경험과 직업교육 경험의 학습이 중요하다고 판단했을 것이다.

또한 본 연구는 대만의 한국 연구 경향에 대한 관찰을 통해 대만과 한국의 학술 교류의 상황을 분석하고 양국 간 학술 교류의 의미와 미래 발전 방향을 탐색하였다. 대만의 한국 연구는 다음과 같은 특징을 가지고 있다. 우선, 한국의 대만 연구와 비교해서 대만의 한국 연구는 비교적 늦게 시작되었다. 한국의 대만 연구는 1929년에 최초의 연구가 발표된 데 비해, 대만의 한국 연구는 1950년에 최초의 연구가 발표되었다. 다음으로, 대만과 한국 양국 간 단교 이전에는 대만의 한국 연구가 지속적으로 성장하였으나, 단교의 영향으로 1990년대에는 급속도의 감소 추세를 경험했다. 한국의 대만 연구가 지속적으로 성장하는 추세와 비교할 때, 대만의 한국 연구는 정치외교적 환경 변화에 비교적 민감하게 작용했다는 것을 확인할 수 있었다.

초창기 대만의 한국 연구에서 비교적 중심을 이루는 오피니언 리더는 한국어를 잘하지 못하는 역사학자들이었다. 그러나 50년대 이후 출생하고 한국 유학 경험이 있는 학자들이 가입하면서 대만의 한국 연구는 비로소 전문성을 띤 본궤도에 진입하기 시작했다. 또한 사회과학 분야의 연구 성과가 비교적 많은 반면, 어문학 분야에서는 연구보다는 비교적 한국어 교육에 치중하는 경향을 보였다. 비교적 특별한 점은 사회과학 분야의 연구에서도 독자적 한국 연구에 치중하기보다는 일본 연구, 중국 연구 등 주변 국가에 대한 연구 및 국제관계의 맥락에서 한국을 연구하는 경향이 비교적 짙다는 점을 들 수 있다.

한국과 관련되는 연구가 비교적 많이 게재된 학술지 중 수위를 차지하는 학술지는 대부분 경제 방면의 비순수 학술적 잡지였다. 주요 학술 분야는 역시 사회과학 분야의 연구가 가장 활발했다. 특히 80년대의 학술연구 성과가 가장 뚜렷하였으며, 1992년 대만과 한국 간의 단교의 영향으로 잠시 정체되었으나 2000년 이후에는 다시 회복하는 추세를 보여주었다. 이에 비해 문사철(文史哲) 등의 인문학 분야에서는 단교의 영향을 받지 않고 꾸준한 증가 추세를 보여주었다.

주요 키워드를 통해 분석해 볼 때, 대만의 한국 연구는 시기별로 한국에서 벌어진 두드러진 현상 및 주요 이슈에 대하여 관심을 갖고 연구를 진행했으며, 분석 결과를 대만의 상황과 비교 분석함으로써, 타국의 경험을 본국에서 유용한 시사점으로 활용했다는 점이 특징적이다. 또한 대만은 중국이나 일본 등 주변 국가와의 비교를 통해 한국만이 갖고 있는 특징을 발현, 파악하려고 노력했다는 점 역시 특징적이었다.

지금까지 중화권(특히 중국과 대만) 내 한국학 연구를 보면 한국 경제와 정치에 편중되어 있다는 것을 알 수 있다. 비록 2000년대 이후 중국과 대만에서 한국의 언어와 문학에 대한 연구의 붐이 일긴 했지만 인문학의 중요한 영역인 전통문화, 철학, 사상, 사회문화에 대한 관심은 아직 많이 부족한 편이다. 특히 중국 여러 대학에 한국학대학, 한국어과 등이 많이 설치되어 있지만, 한국어 교육 분야에 집중된 '교육 중심'의 한국학이 주류를 이루고 있고, 전통문화를 포함한 사회문화 영역에 대한 연구는 매우 취약하다.

중한수교 이후 인문사회 교류는 급속하게 발전하였다. 그러한 광범위한 인문사회 교류가 이루어지고 있음에도 불구하고, 최근에는 한중 양국의 감정적 갈등도 점점 많아지고 있다. 중국에 진출한 한국 기업이나 한국인들의 행태에 대한 현지인들의 반발감이 확산되고 있으며, '한류'의 지나친 팽창을 경계하려는 '반한류(反韓流)' 움직임도 가시화되고 있다. 또한 한국에서도 중국의 패권주의적 태도에 반감을 갖고 형성된 반중정서가 급속도로 확장되고 있다. 특히 최근 여론조사 결과에서 확인되고 있는 20-30대 청년들의 반중정서 확산은 미래 한중 양국의 건전한 발전을 위협하는 것이어서 더욱 경시할 수 없는 과제이다.

이러한 중한 관계의 갈등은 상대방의 문화에 대한 진정한 이해, 즉 문화 교류와 학문적 문화 연구를 통해서 자국의 문화정체성은 물론 상대국의 문화정체성의 실체를 찾아내는 작업을 통해서 비로소 해결이 가능할 것이다.

지금 중국과 대만의 대학에서 한국어 교육과 한국학 연구를 담당하고 있는 젊은 학자 상당수는 한국에서 석박사 학위를 받은 사람들이다. 이전의 한국학 연구자보다 한국어에 능통해서 한국 문화에 대해 깊이 이해할 수 있다는 장점이 있다. 이들은 미래 한국학 연구의 주도자다. 향후 한중 관계의 지속적 발전과 젊은 한국학 연구자 수의 증가, 연구 수준의 제고를 고려하면, 인문사회 및 문화 영역이 앞으로 중화권 한국학 학계에서도 주요 관심 영역으로 자리 잡을 것으로 기대된다.

제2절 정책적 함의:
한국학의 효과적 확산 모델 재정립

본 연구는 중화권 '한국학'에 대한 지식정보체계를 구축함으로써 한국학을 생성 발전시킨 연구자와 연구기관을 파악함과 동시에 이들에 대한 네트워크를 구축하여 보다 효과적으로 한국학을 정립할 지식체계를 구축하는 데 목표를 두었다. 또한 연구 성과를 종합함과 동시에 이들 저작들이 가지고 있는 상호 관계성을 바탕으로 중화권에서 한국학이 보다 효과적으로 확산될 수 있는 모델을 제공하고자 했다.

1. 연구지원 기관 통합 및 후속관리의 필요성

중국학술DB CNKI에서 한국유관기관의 연구비 지원을 받은 62편의 논문을 검색했는데, 그중 19편이 사회문화 관련 분야였다. 이 19편 논문에 대한 피인용 횟수별, 주제별, 저자 및 소속기관별, 기금주체별 분석을 진행하면 아래와 같다.

우선, 피인용 횟수가 가장 많은(133회) 논문은 程圩, 隋麗娜(2007), <旅游形象感知模型及其應用研究——以長三角居民對韓國旅游形象感知爲例>, ≪旅游科學≫으로 중국 주민의 한국 여행 이미지와 관련된 논문이다. 이는 전남도립대학이 지원한 연구과제로 중국에서의 확산효과가 가장 큰 논문으로 판단된다. 이 논문을 포함하여 피인용 횟수가 20회 이상인 논문은 겨우 4편에 불과하고, 3회에서 8회인 논문이 9편, 피인용 횟수가 1회 이하인 논문이 6편에 달한다. 즉 확산효과가 비교적 크다고 판단되는 피인용 횟수 20회 이상인 논문은 전체 사회문화 분야 연구비 지원논문 19편의 21%에 불과하고, 나머지 79%의 논문은 그 확산효과를 가늠하기 어렵다. 결국 한국의 연구비 지원이 기대한 만큼의 효과를 거두지 못한다는 사실을 알 수 있다.

연구비 지원의 주체는 매우 다양하게 분포되어 있다. 한국고등교육재단, 한국연구재단, 한국학중앙연구원, 국제교류재단 등의 국가연구기금 외에도 전남도립대학, 광운대학, 동아대학 등 대학의 연구기금 등 다양하게 분포한다. 대학의 연구기금을 차치하고 국가연구기금은 분명 중국에서의 한국학 확산을 상당 정도 기대할 것이다. 그러나 국가연구기금을 지원받은 13편의 논문 중 피인용 횟수가 20회 이상인 비교적 확산효과가 큰 논문은 겨우 2편에 불과하다. 나머지 11편(85%)은 확산효과가 그다지 크지 않다. 이러한 결과는 연구기금 지원의 기대효과에 대해 사후점검과 향후 방향 설정에 참고할 가치가 충분하다.

연구기금의 지원을 받은 연구과제 외에 각 재단의 유학지원으로 한국에 유학을 한 중국학자들이 대부분 핵심 주제를 생산하고 있는 주요 연구자이기도 하다. 郭鎭之, 徐玉蘭, 金花, 孫啓林 등은 사회문화 분야에서 핵심 주제를 생산하고 영향력을 높이고 있는 주요 연구자이다. 이러한 점을 미루어 한국의 지원이 중국의 한국학 보급 확대에 분명한 역할을 했다는 점을 강조할 수 있겠다. 그러나 한국의 각 재단에서 각기 시행하고 있는 연구기금의 성격상 핵심 연구주제와 방향의 설정 및 효과에 대한 피드백이 체계적이지 못한 한계가 있다. 따라서 이러한 연구기금의 통합과 체계적 관리강화를 통해 연구 방향의 설정, 연구기금의 확대, 체계화 및 효과 점검과 제고 방안 마련에 정책적 노력을 기울여야 한국학이 발전적으로 확대 재생산될 수 있을 것이다.

2. 중화권 대학의 한국어 중심 교육 탈피, 한국학 관련 지원 강화 필요

중화권의 차세대 한국학 전문가를 육성하는 것이 한국학 확산에 가장 큰 기초임은 주지의 사실이다. 분석에서도 언급했듯이 중국이나 대만 모두 대학의 한국어과 교육과정 중 대부분이 언어와 문학에 편중되어 있다. 물론 한류의 영향으로 한국 사회 및 문화에 대한 이해 수요가 급증하고 있고 이에 대한 교과목의 개설이 증가하고 있기는 하지만, 관련 교원 수의 절대 부족, 교원의 학술적 자질 및 관련 교과서의 부재 등 여러 가지 한계가 지적되고 있다. 이러한 한계를 극복하기 위한 한국학 관련 지원이 시급한 실정이다. 한국어 및 한국학 관련 교원의 양성, 교육현장에서 필요로 하는 전문지식 향상 방안, 교과서의 제공, 한국과의 연계 확대 등 종합적이고 체계적인 지원정책이 요구된다.

3. 조선족 학자의 영향력

핵심 주제를 형성하고 학계에서 왕성한 활동을 하고 있는 주요 연구자 중에는 조선족 학자가 상당 부분 차지한다. 이러한 학자들이 중국의 주류학계에서 왕성한 활동을 하는 것은 한국학의 중국에서의 확산에 매우 중요한 역할을 할 수 있다. 그러나 상당히 많은 조선족 학자들이 귀중한 연구 성과를 생산하고 있음에도 불구하고 주류학계에 진출하지 못하는 경우가 많다. 이러한 한계를 극복할 수 있도록 하는 정책적 지원이 필요하다.

4. 지역학적 시각에서의 한국학과 본과학문에서 출발한 한국학

특징적인 것은 중화권의 한국 연구 학자 중 상당 부분 연구자들은 대부분 일본 연구나 중국 연구 등 국제관계 연구의 맥락에서 한국을 연구한 학자들이라는 점이다. 이러한 특징은 한국 연구의 세계화라는 차원에서 더욱 적극적인 의미를 갖는 연구 경향이라 판단된다. 따라서 한국 연구 전문 연구자 외에도 각 분과학문에서 동아시아, 혹은 국제관계 연구의 맥락에서 한국을 연구하는 학자들이 한국과 보다 밀접한 관계를 가질 수 있도록 연계를 추진하는 방안이 필요하다.

참고문헌

〈국문〉

김경선, 중국의 한국어교육과 한국학연구, 한국국제교류재단 엮음, ≪해외 한국학 백서≫, 을유문화사, 2007.

김예경, 중국 조선족 연구의 한중 비교, ≪동아연구≫ 제50집, 2006.

김원태, 중국 조선족 언론의 발전과정과 대 한국관에 관한 연구, ≪한국동북아논총≫, 2002.

김윤태, 중국의 한국학 연구 동향, ≪中國硏究≫ 제38권, 한국외국어대학교 중국연구소, 2006.

김윤태, 대만의 한국연구 지식구조-대만 학술논문 데이터 기반분석, ≪중국과 중국학≫ 제41호, 영남대학교 중국연구센터, 2020.

김일권, 중국의 한국학현황과 개선방안에 관한연구: 한국어 및 한국학 교육 연구 현황을 중심으로, 한국외국어대학교 국제지역대학원 석사논문, 2008.

김중섭, 임규섭, 중국에서의 한국학 연구 발전 과정과 과제, ≪한국어교육≫ 23권 1호, 국제한국어교육학회, 2012.

김철, 중국에서의 한국어 교육의 어제와 오늘 및 그 미래, 2008.

김춘선, 중국 조선족사 연구현황과 과제, ≪중앙사론≫ 제24집, 2006.

김춘선, 중양민족대학에서의 한국학 연구 현황, ≪제27회 한중인문학회 국제학술대회발표논문집≫, 한중인문학회, 2011.

리득춘, 중국 한국학의 흥기와 전망, ≪한국어 교육≫ 15권 3호, 국제한국어교육학회, 2004.

리득춘, 한국학의 흥기와 전망, ≪중국조선어문≫ 136권 제2호, 길림성민족사무위원회, 2005.

박문자, 중국 대학의 한국학 연구와 그 역할에 대한 고찰, ≪한국언어문화학≫ 제2권 1호, 2005.

박병선, 대만에서의 한국어 교원 실태와 전문성 제고 방안, ≪국제한국어교육≫,

132쪽, 129-163, 2016.

박병선, 대만의 한국어 교육과 문화 교육, ≪국제한국어교육학회 국제학술발
　　　표논문집≫, 403-411, 2017.

송현호, 중국에서의 한국학 연구 동향, ≪韓國文化≫ 제33호, 서울대학교 규
　　　장각 한국학연구원, 2004.

송현호, 중국 대만 지역에서의 한국학 연구 현황, ≪제27회 한중인문학회 국
　　　제학술대회 발표논문집≫, 한중인문학회, 2011.

송현호, 중국 지역의 한국학 현황, ≪한중인문학연구≫ 35, 한중인문학회,
　　　2012.

심의림, 中国에서의 韩国学研究, ≪아시아문화≫ 제6호, 1990.

심의림, 중국에서의 한국학 연구 현황, ≪중소연구≫ 제56호, 1992.

심정창, 중국에서의 한국학연구 실황 및 전망, ≪21세기 중국의 정치와 경제
　　　현황 및 전망≫, 아주대학교 국제대학원, 2001.

우림걸, 중국 산동대학에서의 한국어교육과 한국학 연구, ≪중국에서의 한국
　　　어 교육≫, 아주대학교 이주문화연구센터 콜로키움, 2011.

우한용, 한중 문화교류의 현황과 전망, ≪제27회 한중인문학회 국제학술대회
　　　발표논문집≫, 한중인문학회, 2011.

유지동, 21세기를 향한 한국학 학과 한국어 과정 설치, ≪중국에서의 한국어
　　　교육≫, 태학사, 2000.

윤인진, ≪코리안 디아스포라: 재외한인의 이주 적응 정체성≫, 고려대학교출
　　　판부, 2004.

윤해연, 남경대학에서의 한국학 연구 현황, ≪제27회 한중인문학회 국제학술
　　　대회 발표논문집≫, 한중인문학회, 2011.

이하나, 2010年 以後 臺灣에서의 韓國學 硏究 傾向과 方向 －中華民國韓國硏
　　　究學會의 ≪韓國學報≫ 수록 韓國語文學 및 韓國文化 關聯 論文을
　　　中心으로－, ≪동아시아고대학≫ 57권, 2020, 39-79쪽.

이해영 외, 한국의 해외 한국학 지원 정책과 중국의 한국학, 제27회 한중인문
　　　학회, 2011.

장국강, 중국 대학에서의 한국어 교육, ≪중국학≫, 2009.

재외동포재단, ≪한민족네트워크≫, 2000.

전신욱, 중국 조선족의 과거, 현재 그리고 미래, ≪한국정책과학학회보≫ 제6
　　권 제1호, 2002.

전영, 연변대학에서의 한국학 연구 현황, ≪제27회 한중인문학회 국제학술대
　　회 발표논문집≫, 한중인문학회, 2011.

전영근, 광동지역의 한국어 학과 현황, ≪제27회 한중인문학회 국제학술대회
　　발표논문집≫, 한중인문학회, 2011.

조성택 외, 한국학 발전의 제도적 기반 확립을 위한 종합 계획, 한국연구재단,
　　2009.

채미화, 동아시아 한국학 방법의 모색, ≪한국학연구≫ 제17집, 인하대학교
　　한국학연구소, 2007.

최련 외, ≪중국의 한국학(조선학) 문헌자료목록 1991-2000≫, 한국외국어
　　대학교출판부, 2002.

沈儀琳, 中國에서의 韓國學 硏究, ≪아시아문화≫ 제6호, 한림대학교 아시아
　　문화연구소, 1991.

沈定昌, 중국에서의 한국학연구 실황 및 전망, ≪21세기 중국의 정치와 경제
　　현황 및 전망≫, 아주대학교 국제대학원, 2001.

沈定昌, 中國에서의 韓國學연구 현황 및 과제, ≪地域學으로서의 韓國學의 回
　　麒와 展望 회의논문집≫, 경희대학교 아태지역연구원, 2007.

〈중문〉

中根千枝,艾石,　中國,　朝鮮和日本傳統國家結構中地方親屬關系組織的比較分
　　析, ≪民族譯叢≫, 1982.

王恩美, 冷戰體制下韓國華僑的"雙重"反共問題(1950-1970年代), ≪國史館館刊≫,
　　2017, 54: 89-138.

王恩美,　學校教育中對"傳統倫理"的繼承與改良--以一九七〇年代韓國中等學校
　　"道德教育"為中心的探討,　≪臺灣東亞文明硏究學刊≫,　2018,　15(1):
　　115-158.

王曉東, ≪走近朝鮮族≫, 延邊人民出版社, 2003.

文明基, 臺灣、朝鮮總督府的專賣政策比較研究, ≪中央大學人文學報≫, 2015,

63: 45-83.

石源華, 中國韓國學研究的回顧與展望, ≪當代韓國≫, 春季號, 2002.

石源華, 中韓建交二十年來中國韓國學現狀及發展, ≪當代韓國≫, 秋季號, 2012.

朱少先, 韓國政局之現狀及其前途, ≪問題與研究≫, 1961, 1(2): 35-40.

朱立熙 譯, ≪韓國財閥群像≫, 台北: 聯經, 1983.

朱立熙, ≪第一主義－三星集團創辦人自傳≫, 台北: 天下, 1986.

朱立熙, ≪漢江變－特派員的現場目擊≫, 台北: 時報, 1989.

朱松柏, 東北亞的軍事平衡與區域安全, ≪韓國學報≫, 2006, 19: 1-15.

任晚, 改革開放以來的上海朝鮮半島研究, ≪國濟觀察≫, 제2기, 2006.

朴鍵一, 90年代以來中國朝鮮半島研究狀況, ≪當代韓國≫, 제8기, 2001.

朴今海, 鄭信哲, 略論中國朝鮮族的愛國主義情結, ≪中央民族大學學報≫, 哲學
　　　社會科學版, 第4期, 2004.

朴婷姬, 試論跨國民族的多種認同: 以對中國朝鮮族認同研究爲中心, ≪東疆學
　　　刊≫, 第3期, 2008.

李在方, 南北韓統合過程之觀察, ≪新世紀智庫論壇≫, 2001, 13: 61-64.

李文, 南韓政變與美國關係, ≪現代政治≫, 1960, 8(5): 3-4.

李奎泰, 當代韓國"中國學"與中國"韓國學"之比較, ≪當代韓國≫, 春季號, 2012.

李得春, 韓國學和中國的韓國學, ≪東疆學刊≫ 第23卷 第3期, 2006.

李鍾林, ≪延邊外向型經濟論≫, 延邊大學出版社, 2003.

李慧珠, 金融危機以後韓國金融結構改革之研究, ≪韓國學報≫, 2000, 16: 293-311.

李憲榮, 南韓總統的選舉制度, ≪臺灣國際研究季刊≫, 2010, 6(4): 29-51.

西川潤, 蕭新煌 合編, ≪東アジアの市民社會と民主化: 日本, 臺灣, 韓國にみる≫,
　　　東京: 明石書店, 2007.

宋鉉浩, ≪中國韓國學研究動向韓國文化≫, 第33輯, 首爾: 首爾大學韓國文化研
　　　究所, 2004.

沈茹秋, ≪延邊調查實錄≫, 延邊人民出版社, 2000.

沈善洪, ≪韓國研究中文文獻目錄≫, 杭州大學出版社, 1994.

沈定昌, ≪劉大軍編朝鮮半島相關文獻目錄≫, 遼寧民族出版社, 2008.

何撒娜, 韓食世界化: 韓國飲食與國家品牌的塑造與想像, ≪中國飲食文化≫,
　　　2017, 13(1): 165-203.

季羨林，≪朝鮮-韓國文化與中國文化≫，中國社會科學出版社，1995.

林秋山，中國研究韓國學之實態報告，≪華學月刊≫，1974, 36: 47-50.

林明德，論韓國漢文小說與漢文學之研究，≪世界華學季刊≫，1980, 1(1): 85-106.

金時中，南北韓經濟協力과在中國同胞의 役割，≪民族發展研究≫ 1호，1995.

金克宜，韓國產業政策之展望，≪韓國研究≫，1989, 9: 258-265.

金強一，≪中國朝鮮族社會的文化優勢與發展戰略≫，延邊人民出版社，2001.

金楨夏，中國朝鮮族의 自己正體性 追究에 關한 考察，동북아시아문화학회 제
　　12차 국제학술회의，2006.

金潤泰，韓商對中國大陸山東地方經濟發展的影響，≪共黨問題研究≫，1998,
　　24(12): 53-64.

金潤泰，由韓國學者看臺灣的韓國研究，≪亞太研究論壇≫，2005, 30: 234-244.

金潤泰，在中國韓商移民聚居區的形成及其社會經濟特徵，≪亞太研究論壇≫，2009,
　　46: 44-65.

英家銘，朝鮮兩班算家南秉吉與其算學著作，≪中華科技史學會學刊≫，2012, 17:
　　24-37.

吳家興，韓國擴大出口的政策方向，≪貿易週刊≫，1979, 788/789: 26-28.

韋旭升，韓國學研究入足中國問題，≪朝鮮-韓國文化的歷史與傳統≫，黑龍江朝
　　鮮民族出版社，2005.

許明哲，≪當代延邊朝鮮族社會發展對策分析≫，遼寧民族出版社，2001.

許明哲，≪改革開放時期的延邊朝鮮族≫，遼寧民族出版社，2003.

孫準植，殖民地朝鮮的臺灣認識--以 ≪朝鮮日報≫(1920-1940)的記事為中心，≪輔
　　仁歷史學報≫，2007, 20: 83-112.

陳長源，韓國文化創意產業之探討，≪出版界≫，2012, 96: 26-35.

郭秋雯，韓文意志法的使用與中文母語者的誤用情形--以TTT模式施測結果為主，
　　≪外國語文研究≫，2017, 27: 23-49.

孟慶義，≪朝鮮半島和平統一問題研究≫，延邊大學出版社，2002.

崔蓮，金順子，≪中國朝鮮學-韓國學研究文獻目錄≫，中央民族大學韓國文化研
　　究所研究叢書，中央民族大學出牌社，1995.

黃長玲，韓國性別平等教育的發展，≪性別平等教育季刊≫，2010, 49: 86-91.

黃寬重，張斐怡，海陝兩岸中韓關係史研究的回顧與展望，≪韓國學報≫，第16

期, 臺北, 2000.

黃寬重 編, ≪中韓關係中文論著目錄≫, 中央研究院, 2000.

黃貝江 著, 吳蓮姬 譯, ≪朝鮮半島研究世界化的現狀與課題≫, 當代, 2003.

園田茂人, 蕭新煌 合編, ≪チャイナ・リスクといかに向きあうか-日韓臺の企業の挑戰≫, 東京: 東京大學出版會, 2016.

鄭成宏, 當代中國的韓國學研究現狀與趨勢, 中國社會科學院研究生學報, 2003.

蔡美花, 東亞韓國學方法之探索, ≪東疆學刊≫ 第25卷 第4期, 2008.

韓俊光, ≪中國朝鮮民族遷入史論文集≫, 遼寧民族出版社, 1996.

楊立華, 韓國與主要競爭國家出口結構之比較, ≪貿易週刊≫, 1983, 1041: 8-14.

黎元譽, 韓國戰爭爆發後之國際形勢, ≪實踐≫, 1950, 40: 2-4.

謝發榮, 韓國鐵路之現況與將來, ≪臺鐵資料≫, 1967, 46: 109-115.

廖啟川, 韓國第二期經濟發展計劃概要, ≪財政經濟月刊≫, 1970, 20(4): 13-16.

葉明峰, 吳家興, 韓國金融風暴分析, ≪中國商銀月刊≫, 1998, 17(3): 1-24.

劉寶全, 近三年來中國的韓國學研究—綜述與展望, ≪當代韓國≫, 春季號, 2009.

劉德海, 美國對南韓政策的回顧與展望, ≪美國月刊≫, 1989, 4(7): 62-69.

蕭新煌, "Government Agricultural Strategies in Taiwan and South Korea: A Macrosological Assessment, Institute of Ethnology", Academia Sinica, Taiwan, 1981a.

蕭新煌, 美國的韓國研究, ≪韓國學報≫, 1981b, 1: 177-189.

蕭新煌, 戰後南韓的土地改革政策: 鉅觀社會學的分析, ≪韓國學報≫, 1982, 2: 1-20.

蕭新煌, "East Asian Middle Classes in Comparative Perspective (editor)", Taipei: Institute of Ethnology, Academia Sinica, 1999.

蕭新煌, 金潤泰, 福建臺商與山東韓商的比較, ≪臺商與兩岸關係研討會論文集≫, 鄭赤琰, 張志楷 編, 頁111-132, 香港: 嶺南大學族群與海外華人經濟研究部, 2000.

蕭新煌, 樸允哲, 宏觀歷史與社會政治轉型: 臺灣與南韓國家認同之比較, ≪蕃薯與泡菜: 亞洲雙龍臺韓經驗比較≫, 彭慧鸞 編, 頁22-39, 臺北: 財團法人亞太文化學術交流基金會, 2008.

蕭新煌, 陳明秀, ≪韓國研究書目彙編≫, 臺北: 中央研究院東南亞區域研究計畫東亞資訊服務, 1998.

蕭新煌, 陳明秀, ≪東南亞, 日本, 韓國硏究博碩士論文彙編≫, 臺北: 中央硏究
    院東南亞區域硏究計畫東亞資訊服務, 1999.

魏志江等, ≪韓國學槪論≫, 中山大學出版社, 2008.

〈영문〉

K. I. Kim, "Origins and Geneologies of Korean Studies Focusing on Korea, East
    Asia and USA", Journal of Society and History, 2003, 64, 129-165.

Max H. Boist, Information Space: A Framework for Learning in Organizations
    Institutions and Cultures, London: Routledge, 1995.

Max H. Boist, Knowledge Assets: Securing Competitive Advantage in the
    Information Economy, Oxford: Oxford University Press, 1998.

Wasserman, S. and K. Faust, Social Network Analysis: Methods and Applications,
    Cambridge: Cambridge University Press, 2009.

부록 1 중국과 대만의 한국어 관련 학과/연구소 현황

1) 중국의 한국학: 중국의 한국어(조선어)과 현황

번호	한국어(조선어) 학과명	소재지	설립 연도	학위 과정 학사	학위 과정 석박사
1	연변대학조한문학원	연변	1949	O	O
2	상해외국어대학교동방어학원조선(한국)학과	상해	1994	O	O
3	천진외국어대학교아세아-아프리카어학원한어학부	천진	1994	O	O
4	대련외국어대학교한국어학원	대련	1990	O	O
5	산동대학교외국어학원한어학부	산동성 제남시	1992	O	O
6	서안번역학원 아세아유럽언어문화학원 동어계 조선어학	서안	2013	O	X
7	길림대학외국어학원조선어학부	길림	1993	O	O
8	광동외무외국어대학교동방언어문화학원조선(한국)어학부	광주	1997	O	O
9	복단대학외국언어문학학원한어언어문학학부	상해	1995	O	O
10	대외경제무역대학외국어학원조(한)학부	북경	1951	O	X
11	천진외국어대학아세아-아프리카어학원한국어학부	천진	1994	O	O
12	북경대학외국어학원조(한)문학부	북경	1945	O	O
13	북경외국어대학아세아-아프리카학원조선어학부	북경	1994	O	O
14	요동학원조한(조한경제와문화)학원조선어학부	단동시	2003	O	X
15	남경사범대학외국어학원조선어학부	남경	2002	O	O
16	호남사범대학외국어학원조선어학부	장사	2008	O	O
17	흑룡강대학동어학원조선어학부	흑룡강성 할빈시	1996	O	O
18	북경제2외국학원아세아학원조선어학부	북경	2018	O	O

19	중앙민족대학중국소수민족언어문학학원조선언어문학학부	북경	1972	O	O
20	북경언어대학동방언어문화학원한국어학부	북경	1995	O	O
21	항주사범대학외국어학원조선어학부	항주시	2013	O	O
22	중국해양대학교외국어학원조선어학부	청도시	1992	O	O
23	연태대학외국어학원조선어학부	연태	1992	O	O
24	양주대학외국어학원조선어학부	강소성 양주시	2001	O	O
25	청도대학외국어학원조선어학부	청도시	1992	O	O
26	노동대학외국어학원조선어학부	산동성	1999	O	X
27	서안외국어대학동방언어문화학원조선어학부	서안	2004	O	O
28	화중사범대학외국어학원조선(한국)어학부	호북성 무한시	2009	O	O
29	남경대학외국어학원조선(한국)어학부	강소성 남경시	2006	O	O
30	천진사범대학외국어학원조선어학부	천진	2002	O	X
31	천진외국어대학빈해외사학원조선어학부	천진	2004	O	X
32	천진사범대학진고학원외국어계조선어학부	천진	2009	O	X
33	하북대학외국어학원조선어학부	하북성 보정시	2004	O	X
34	하북경제무역대학외국어학원조선어학부	하북성 석가장시	1996	O	X
35	정주경공업학원외국어학원조선어학부	정주시	2005	O	X
36	중남림업과학기술대학외국어학원조선어학부	호남성 장사시	2002	O	X
37	호남리공학원외국언어문학학원한국어학부	호남성 악양시	2001	O	X
38	요녕대학국제관계학원한국학학부	요녕성 심양시	1993	O	O
39	대련민족대학외국어학원조선어학부	대련	2008	O	X
40	장춘리공대학외국어학원조선어학부	길림성 장춘시	1998	O	O

41	통화사범학원외국어학원조선어학부	통화	1978	O	X
42	곡부사범학원번역학원조선어학부	산동성		O	O
43	서안외사학원국제합작학원국제교류중심조선(한국)어학부	섭서성 서안시	2015	O	X
44	소주대학외국어학원조선어학부	절강성 소주시	2007	O	X
45	회해공학원외국어학원(국제학원) 조선어학부	강소성 연운강시	2007	O	X
46	합비학원외국언어계조선어교연실	안휘성 합비시	2010	O	X
47	중산대학국제번역학원조선어학부	광동성 광주시	2009	O	X
48	상해해양대학외국어학원조선어학부	상해	2007	O	O
49	상해상학원외국어학원조선어학부	상해	2012	O	X
50	천진사범대학진고학원 외국어계조선어학부	천진	2009	O	X

2) 중국의 한국학: 중국의 한국(조선) 연구소 현황

번호	한국(조선) 연구소명	소재지	설립 연도	학위과정 학사	학위과정 석박사
1	남경대학외국어학원한국학연구중심	강소성 남경시	2013	O	X
2	양주대학한국언어문화연구중심	강소성 양주시	2007	O	O
3	중산대학한국연구소	광동성 광주시	2006	O	O
4	길림대학주해학원한국연구소	광동성 주해시	2008	O	X
5	북경대학한국학연구중심	북경	1993	O	X
6	중국정법대학정치와공공관리학원조선반도연구중심	북경	2012	O	X
7	외교학원중일한합작연구중심	북경	2013	O	X

8	북경외국어대학세계아세아연구정보중심	북경	2007	O	X
9	북경외국어대학한국학연구중심	북경		O	X
10	북경언어대학한국어연구중심	북경	1995	O	X
11	중국인민대학동아연구중심	북경	1995	O	X
12	외교학원동아연구중심	북경	2003	O	X
13	중국인민대학한국연구중심	북경		O	X
14	중국인민대학상학원중한기업경영연구	북경	2006	O	X
15	중국국제문제연구원아태(아세아·태평양)연구소	북경	1956		X
16	북경대학아세아·태평양연구원	북경	2002	O	X
17	대련외국어대학중일한연구중심	북경	2014	O	X
18	사천사범대학한국연구중심	사천성 성도시	2013	O	X
19	산동대학중일한합작연구중심	산동성		O	X
20	곡부사범대학번역학원한국문화연구소	산동성		O	X
21	연태대학외국어학원동아연구소	산동성 연태시	1989	O	X
22	산동대학동북아연구중심	산동성 위해시	2004	O	X
23	산동대학한국학원중한교류중심	산동성 위해시	2004	O	X
24	위해시문등기사학원중한문화중심	산동성 위해시	2018		X
25	요녕대학동아연구중심	산동성 제남시	2012	O	X
26	청도대학외국어학원중한중심	산동성 청도시	2008	O	X
27	중국해양대학한국연구중심	산동성 청도시	2007	O	O
28	청도빈해학원중한통상연구소	산동성 청도시	2005	O	X
29	청도빈해학원한국학연구중심	산동성 청도시	2008	O	X
30	복단대학조선-한국연구중심	상해	1992	O	O
31	복단대학중한문화비교연구소	상해		O	O
32	상해사회과학원국제문제연구소조선반도연구중심	상해	2015		O

33	복단대학아세아연구중심	상해	2002	O	X
34	상해외국어대학조선반도문제연구소중일한합작연구소	상해	1994	O	X
35	서안외국어대학인문사회과학연구중심	섬서성 서안	2015	O	X
36	서북대학중한교육중심	섬서성 서안	2014	O	X
37	서안번역학원중한문화교류중심	섬서성 서안	2015	O	X
38	위남사범학원외국어학원중한문화교류중심	섬서성 위남시	2011	O	X
39	절강월수외국어학원한국문화연구소	절강성 소흥시	2007	O	O
40	절강월수대학외국어학원동아지연(地緣)관계연구중심	절강성 소흥시	2015	O	X
41	절강해양대학중국해양문화연구중심	절강성 주산시	2009	O	X
42	절강수인대학동아연구소	절강성 항주시	2004	O	X
43	천진사회과학원동북아연구소	천진	1999		X
44	남개대학아세아연구중심	천진	2004	O	X
45	천진사범대학외국어학원한국문화중심	천진	2006	O	X
46	정주경공업학원외국어학원중한문화연구소	하남성 정주시	2008	O	X
47	절강대학한국학연구소	항주	1993	O	O
48	상담대학동아연구중심	호남성 상담시	2018	O	X
49	화중과학기술대학외국어학원한국어중심	호남성 장사시	2011	O	O
50	중국사회과학원아태(아세아/태평양)와전세계전략연구원	호남성 장사시	2011		O
51	호남성한국문화연구와교류중심	호남성 장사시	2013	O	X
52	서남대학중한교육교류와연구중심	호남성 장사시	2005	O	X
53	화중사범대학한국문화연구소	호북성 무한시	2009	O	X

54	흑룡강사회과학원동북아연구소	흑룡강성 할빈시	1989		X
55	요녕대학국제관계학원조선·한국연구중심	심양시	1993	O	X
56	연변대학조선-한국연구중심조선반도연구협동 창신중	연변	1979	O	O
57	요녕대학아세아연구중심	요녕성		O	
58	요녕사회과학원조선-한국연구중심	요녕성			X
59	대련민족대학국제언어문화연구중심한국학연구 팀	요녕성 대련시	2002	O	X
60	길림대학동북아연구원	길림	1964	O	O
61	길림성사회과학원조선·한국연구소	길림	1964		X
62	길림성동북아연구중심	길림성 장춘시	1988		X
63	길림성사회과학원조선반도연구기지	길림성 장춘시	2008		O
64	동북사범대학동북아연구원조한연구소	길림성 장춘시	2004	O	X
65	통화사범학원조선반도경제문화연구중심	길림성 통화시	2013	O	X
66	북화대학동북아연구중심	길림시	2004	O	O
67	대련대학인문학부역사학원한국학연구원·중조 교류중심	대련		O	X
68	대련대학중국동북사연구중심	대련	2002	O	X

3) 대만의 한국학: 대만의 한국어과 현황

(표에서 '*' 표시가 된 대학의 경우 한국어/한국학과가 학위과정으로 개설되어
있으며, 기타 대학은 한국어/한국학 관련 과목만 개설되어 있음)

번호	국립대	사립대
1	交通大學	輔仁大學
2	*政治大學韓語文學系	淡江大學
3	淸華大學	眞理大學
4	台北敎育大學	*中國文化大學韓語文學系
5	台湾大學	中原大學
6	台北藝術大學	元智大學
7	台湾師范大學	佛光大學
8	台湾海洋大學	實踐大學
9	台湾藝術大學	華樊大學
10	台湾戲曲大學	開南大學
11	勤益科技大學	玄奘大學
12	体育大學	明道大學
13	聯合大學	靜宜大學
14	嘉義大學	逢甲大學
15	*高雄大學東方語言學系	長榮大學
16	東華大學	義守大學
17	台東大學	

김윤태

학력 및 경력

한국외대 중국어과 학사, 국립 대만대학 사회학석사/박사
(현) 동덕여자대학교 중어중국학과 교수
(현) 동덕여대 부설 한중미래연구소 소장
(전) 중국학 연구회 회장(2019년)
(전) 외교부 재외동포정책 실무위원

주요 논문 및 저서

재중 대만인의 중국사회 적응과 발전:초국가적 사회영역을 중심으로(2016)
'초국가주의 역동성'으로 살펴 본 조선족 기업가 유형분석과 그 의미(2017)
'재미 중국동포'의 이주와 정착, 경제사회적 특징: 캘리포니아 거주 중국동포를 중심으로(2018)
Mining Semantic Tags in a Content Analysis System for a Letter Database of Ethnic Koreans Living in China(2019)
중국동포 다중정체성의 형성: 문화대혁명 시기 한민족 정체성의 소실과 복원(2020)
チャイナ·リスクといかに向きあうか: 日韓台の企業の挑戰(동경대학 출판회, 공저, 2016)
한상의 모국진출 현황: 중국 조선족 기업의 네트워크 및 한국경제에 대한 기여(재외동포재단, 공저, 2016)
재중 한국인 사회의 형성과 초국가주의적 생활 경험(한국학술정보, 공저, 2019)
進步與正義的時代(巨流圖書公司, 공저, 2020)

중국과 대만의
한국학 지식 지형도

|

사회·문화 분야
학술 데이터 분석

초판인쇄   2021년 12월 30일
초판발행   2021년 12월 30일

지은이   김윤태
펴낸이   채종준
펴낸곳   한국학술정보㈜
주 소   경기도 파주시 회동길 230(문발동)
전 화   031) 908-3181(대표)
팩 스   031) 908-3189
홈페이지   http://ebook.kstudy.com
E-mail   출판사업부   publish@kstudy.com
출판신고   2003년 9월 25일   제406-2003-000012호

ISBN   979-11-6801-268-4 93340